マンガでわかる！はじめての不動産投資

㈱シー・エフ・ネッツ 副社長
木内 哲也 著 ／ ㈱シー・エフ・ネッツ 代表取締役
倉橋 隆行 監修 ／ **藤井 龍二** 画

住宅新報社

はじめに

「不動産投資の勉強を始めてみよう！」と思い、書籍を読んだり、インターネットで調べたものの、そこで繰り広げられる投資指標による計算式や、不動産投資理論、数字の羅列をみて、「勉強することが嫌になってしまった」「不動産投資って難しそうで無理かも」という方、多いのではないでしょうか？

本書では「不動産投資を始めるには？」「まず初めは何から始めるのがベストなんだろう？」といった最初の疑問に答え、不動産市況や投資指標に基づき、物件選びのポイントや金融機関選びのポイントなどなどを解説いたします。どのように不動産投資を進めていくのか、また始めるにあたっての心構えなど、決して不動産業者目線ではない、ふだん数多くのクライアントに対して資産形成に携わるパートナーとしての目線で書かせていただきました。不動産投資を進めていくうえで気をつけなければならないことはたくさんあります。その中でも最低限これだけ押さえておけば、失敗しないというポイントがあります。それをお伝えさせていただくとともに、不動産を購入するにあたって必ず付き合う必要がでてくる不動産営業マンの見極め方、よりよい物件情報を取得するための望ましい付き合い方などを含めて、私自身が知っているノウハウを伝授させていただきます。

本書は初心者向けの不動産投資入門書です。肩肘はらずに、資産運用、資産形成に興味のある方は、まずは本書を一読していただきたい。そして、さらに知識を「深掘り」したくなった方は、是非ＣＦネッツのセミナーや勉強会へご参加いただければと思います。

平成27年3月

（株）シー・エフ・ネッツ副社長　木内哲也

■木内哲也　自己紹介

日本で唯一の〝不動産学部〟明海大学不動産学部出身。

学生時代から不動産に興味があったかというと、学生時代はクルマの魅力にとりつかれ、バイト、バイトの日々。実は一浪して、この大学しか受からなかったのが本当のところではあるが、学生時代に宅地建物取引主任者（現・宅地建物取引士）試験合格。その後、不動産関連資格を10種取得（ＣＰＭ＝米国公認不動産経営管理士、ＣＣＩＭ＝米国認定商業不動産投資顧問資格、公認不動産コンサルティングマスターなど）。

大学卒業後は、横浜の住宅販売・不動産仲介会社に入社。そこで現在、ＣＦネッツ代表の倉橋と出会う。合い言葉は「気合・根性・タイミング」というような典型的営業気質の住宅販売をメインとする不動産営業マン養成学校のような会社で住宅仲介を7年経験。そこで、倉橋の勧めもあり、また顧客に住宅を販売する以上、自分も持ち家でないと……と思い、社会人1年目で横浜市内の中古マンション（自宅）を購入。また入社1年目から新人賞を取るなど、営業成績も好調。長女が小学校入学前（自身が30歳の時）に地元・千葉へ。千葉市内で土地を買って、注文住宅を建築。と同時に転職を考えた。「自身の力を試したい」「俺って仕事できるな」という観点からフルコミッションの住宅営業へ。売上げの約30％を歩合としてもらえる会社で、最初に手にした給料が100万円、次に70万円もらう。しかし、とくに相場を無視した不当な利益の乗った自社物件を販売すると歩合が多くもらえるという仕事に不信を抱き、また社内のギスギスした環境や周りを見渡せば従業員同士も敵、先輩もよくない。2カ月程で退職し、大手不動産会社へ。その後、CFネッツが立ち上がって5年目、平成17年に倉橋に誘われるまま入社した。

今までの住宅販売から、一転して不動産投資物件とプロパティマネジメント業務中心の会社へ。投資物件の取扱い経験や知識は、ほぼゼロ。最初は勉強の毎日だった。勉強すればするほど、また顧客の資産形成のお手伝いをすればするほど、不動産投資を行うリスクよりも投資しないことへのリスクや不安・怖さを考えるようになるとともに、顧客に物件を勧める以上は、自身も不動産投資家でありたい……と思い、入社2カ月後にワンルームマンションを2室購入。半年後にもう1室。翌年には、両親と共同で2DK15世帯のRC1棟マンションを購入。CFネッツに入社して間もなかったため、金融機関融資にはてこずったものの、こうした自らの不動産投資の経験が、今の不動産コンサルティングの仕事に生きるようになった。

また、CFネッツ入社2年目の平成19年に、東京営業部のマネージャー昇格、平成21年アセットマネジメント事業部チーフマネージャーを経て、平成22年には中央区銀座にCFネッツ・東京支社設立とともに東京支社長に就任。

平成24年には社内選挙が行われ、CFネッツ副社長に選ばれ現在に至っている。

第2編　現在の不動産市況

第3編 何から始める不動産投資？

第5編 今できる不動産投資

第6編 金融機関選びのポイント

第7編
不動産会社選びのポイント

第1編

不動産投資とは

○○商社社員食堂
よ 相変わらず仲がいいね
星野さん
高橋 婚約中じゃセミナーどころじゃないな
いえ 彼女と一緒に行きますよ
ほう まやちゃんも不動産投資に関心ある？
和也さんがそういう話をするから感化されちゃって
いいじゃないか共通の趣味があるってうらやましいね
まやと結婚した後のことを考えると星野さんのように安定した不動産の投資もいいなと思っているんです

でも最近はデートも不動産セミナーです
デートに変わりはないよ
しかし高橋は不動産投資なんて関心なかっただろ？
ええ星野さんの勧めで参加したCFセミナーで興味が出たんス
やはり将来の不安を考えると安定した収入は重要ですから
確かにオレも定年後のことを考えて始めたのだけどね
私も貯蓄だけでは不安に思います
まやちゃんえらいね
うちのかみさんにも聞かせたいね
きみたちが行くなら今度のセミナーにオレも行くかな
ぜひ
2人のデートの邪魔はしないから安心しろ

不動産投資の基本知識セミナー
CFネッツ副社長 木内哲也
みなさんお揃いだね
あ前田さん
アパート経営順調だそうですね
このセミナーのおかげでなんとかかね
前田さんお久しぶり
原ちゃんか
おじゃまするわよ
皆さんと違ってあたしは独身だから将来が切実なの
それではお時間が参りましたのでセミナーを開始いたします
講師はCFネッツ副社長木内です
パチパチ
パチ

① 何のために不動産投資をするのか？

漠然とした将来不安や、今後は、本当に出るかどうかわからない年金、また仮に出たとしても生活資金には到底足りないであろう年金不安に対する備えとして不動産投資を始めようとする人は多い。また、毎月の給与所得とは別に、不労所得を得ることによって定年前の早期退職を実現し、自分のやりたかった趣味や、若いころからの夢にチャレンジするハッピーリタイア、セミリタイアに対する備えとして不動産投資に目を向ける人もいる。これから子どもの教育費がかかる将来に向けた準備として、家計の足しになる収入を得たいという人、とにかく1億円が欲しいといったような一攫千金狙いの人もいるかもしれない。

実は、不動産投資を始めるきっかけは人それぞれであり、どんなきっかけであっても構わない。しかし、後ほど述べる不動産投資のスタートに欠かせない目標設定には、自分は何のために投資するのかということを明確にしておくことが重要になってくる。「何のために」があって、初めて、どれくらいの収入が欲しいのかが明らかになるからだ。

例えば、将来の年金不安に対する備えや老後生活の足しとして不動産投資を行う人と、5年後に確実に訪れる教育費負担の足しに不動産投資を行う人とでは、投資によって実現しようとする収入目標も、投資にかけられる時間軸も異なる。いつまでに、いくらの収入が欲しいのかという目標が異なれば、用意しなければならない自己資金の額も、投資物件の選択基準も自ずと違ってくるのが不動産投資である。

確かに、投資によって得られるお金は、多ければ多いに越したことはないというのが人情かもしれない。しかし、得ようとするお金が多ければ多いほど（リターンが多ければ多いほど）、必要となる自己資金の額も多くなるし、金融機関からの借入れも増えることとなり、それだけリスクも高まるということを知らなければならない。

とくに、不動産投資とは大家業・貸家業であり、賃貸住宅経営という事業である。事業である以上、儲けを出すには、その事業特有のリスクが伴う。不動産投資理論を活用することによって、このリスクはコントロール可能なものの、自分が必要とする収入（リターン）以上のリスクを最初から背負い込むのは決して得策ではない。物件を買わなければ不動産投資は始まらないが、かといって、物件に対する金融機関の融資評価が出たから、あるいは金融機関の融資がおりるから、フルローンでとりあえず物件を購入するといったスタートには賛成できない。

はたまた、世の中では、少ない自己資金で高額な物件を購入することがゴール！（目的）のような考え方を持った人もいるが、本来、不動産投資とは物件購入してからがスタートなのだ。不動産投資を考え始めたいあなたは、まず、もう一度自分を振り返って、自分は何を実現するために、いくらの収入を、いつまでに得たいのかという目標をもったスタートラインを考えてほしい。

不動産投資を考え始めようとする方にまず知ってほしいのは何のために不動産投資をするかというごく当たり前のことです
オレたちの場合今の仕事を頑張っていれば当面問題ないかもね
でも　子供ができたら私は家庭に入りたいから賃料収入はあると助かるわね
定年後を考えると賃料が少なくとも年間300万円位あるといいいな
我々が考える不動産投資は投資対象である住宅やオフィス　店舗といった不動産を購入し　第三者に賃貸し入居者から収入を得るインカムゲインが基本です
そして　不動産投資の場合家賃収入だけでなくキャピタルゲイン（譲渡益）が派生することもあります

② 不動産投資のメリットとは？

不動産投資には、株式や投資信託、さらに金やFXといった投資とは異なるメリット・デメリットが存在する。メリットもデメリットも、不動産投資は投資対象が住宅やオフィス、店舗といった人間の生活に欠かせない現物資産であり、その賃貸経営の巧拙によって成果に大きな差が出るので、投資というより事業としての性格が強いことに起因して生じている。

不動産は持っているだけで値上がりすると信じられていたバブル経済崩壊前の土地神話が生きていた時代には、こうしたメリットもデメリットもあまり考えなくてもよかった。バブル経済当時の不動産は、物件の条件や属性を問わず右肩上がりで価格が上昇していたからである。不動産を買って、翌月に転売するだけで、億単位の収入が転がり込んだ〝成功経験〟を持つ当時の不動産投資家も少なくない。

しかし、バブル経済崩壊後、現在の不動産は、その不動産が稼ぎ出す収益の多寡によって、値上がりすることもあれば、値下がりすることもある通常の商品になった。収益を生む不動産は値上がりし、収益を生まないか、収益力が落ちた不動産は値下がりする「収益還元」の考え方が定着したのである。

これから不動産投資を始めようという人に、不動産の右肩上がり神話を信じている人はいないだろうが、改めて、収益還元時代の不動産投資のメリット・デメリットを考えてみたい。
まず、メリットからである。

(1) 売買を前提とせずに、毎月の収入が得られる

世間が不動産投資に抱くイメージである「買って、売って、すぐ儲ける」といったギャンブルに近い投資とは根本的に投資手法が異なり、長い期間にわたって、入居者が支払ってくれる家賃をコツコツ積み上げていく長期志向・安定志向の投資なのである。値上がり益を狙って、短期間のうちに売買を繰り返す株式のようなキャピタルゲイン狙いの投資とは、もともと性格が異なることを理解してほしい。

管理運営さえしっかりしていれば、毎月の賃料収入が安定的に入るというサイクルは、毎月給与を得るサラリーマンのライフサイクルに合っている。毎日、毎晩、パソコンとにらみ合って「上がった」「下がった」に一喜一憂しながら、勝った負けたの売買を繰り返す短期売買志向の株式やFXに比べると、サラリーマンや公務員などの安定している日常にマッチしやすい。株式やFXのように、毎日、株価や為替をチェックしていなくても、不動産投資は賃料収入から不動産運用にかかる諸経費とローンなどの支払いを差し引いて手元にキャッシュが残れば、貯蓄に回せたり、生活費の足しにすることが可能だ。

確かに、投資対象である不動産の価格自体は、その時の経済環境や物件の状態によっても上がっ

たり、下がったりする。しかし、当初から物件を売った利益を当てにするキャピタルゲイン狙いではなく、毎月の家賃収入を目指すインカムゲイン志向の投資である以上、家賃収入さえしっかり確保できていれば、不動産価格の〝上がり下がり〟は、さほど心配することではない。もちろん、首都圏においては賃料収入も上がってきた傾向があり、賃料が上がれば物件価格も上がることも予想ができる。しかしながら先に述べたとおり不動産投資は事業と一緒であり、賃料収入を得るのが目的であるから事業がうまくいけば価値も上がるのは当然と考えるべきなのである。

不動産投資が注目されるようになった大きな理由の一つは、年金だけでは賄えない老後の生活を、このような賃料収入が毎月カバーしてくれるからだ。毎月収入が期待できるという点は、高齢者を中心に一時期ブームになった毎月分配型の投資信託と似ている。ただ、毎月分配型の投資信託は、実際には収益が出ていないにもかかわらず、それでも投資家の人気を引き留めるために元本を食いつぶしながら配当を続ける〝タコ足食い〟に似たケースが少なくない。これに対して不動産投資は、物件の管理さえしっかりしていれば元本に当たる不動産を食いつぶしたり、資産価値を目減りさせたりすることはないところが優れている。元本の価値は維持しながら、毎月キャッシュフローを生み出してくれる投資なのである。

こういった話をすると「不動産投資って意外と地味だね」と思われる人もいるかもしれない。ただ注目して欲しいのは、毎月の賃料収入を狙うインカムゲイン狙いの投資であるならば、短期間で売買を繰り返し、一攫千金を得るための投資と異なり、長い期間をかけて投資した資金を回収しながら利益を積み上げていく「長期投資」がベースになるということだ。

したがって、購入する不動産は長期間の運用に耐えるものでなければならない。購入当初はとりあえず入居者がいても、その入居者が退去した後はどうなるかわからない、というような不動産は投資に適さない。また、不動産投資を行う場合、金融機関からの融資を得て行うから、当然、その融資期間、返済期間中に空室となれば持ち出しとなり事業はうまくいかない。今後の日本の人口減少や移動を考えて投資物件を選択しなくてはならない。投資した物件が長期保有できる物件であれば、仮に、もし短期で売却を考えたとしても、次に購入してくれる人にとっても長期保有できるので、売却も容易である。

こうした長期投資の運用スタンスよりも、投資した資金を明日にでも回収したい短期志向の投資を好む投資家には、不動産投資は不向きな選択かもしれない。

(2) 時宜を得た売却をすれば、値上がり益が得られる場合もある

(1)で述べたインカムゲイン狙いの長期投資とは矛盾するようだが、購入した不動産を売却することによって、うまくいけば売却益が得られるのも不動産投資の醍醐味である。

例えば、賃貸アパートを購入したあなたが最新の入居者ニーズを研究し、その成果を元に、バリューアップやリノベーションすることによって、買った当時よりも高い賃料で入居者が決まるようになれば、購入金額より高い金額で売却できる可能性が高まる。あるいは、購入した当時に

は走っていなかった鉄道が開通したり、近くに新駅ができたり、また新たな道路が整備されるなどすれば賃貸の入居者ニーズが増え、不動産売買市場での評価はぐっと上昇する。つまり、不動産の持つ収益力が高まれば市場での評価が上がり（これを収益還元価格が上昇するという）、値上がり益（キャピタルゲイン）が狙えるのである。

ただ、繰り返すが、最初からキャピタルゲインだけを狙って投資すると、ほとんどのケースは失敗する。値上がりすることもあれば、値下がりすることもあるのが不動産なのだ。

不動産は金融市場の影響を受けやすく、賃貸需要には大きな変化がなくても、その時の金融政策や、それを元にした金融機関の融資スタンス次第で価格が変動することがあることにも注意したい。直近では、２００８年に世界を襲ったリーマンショック後の急激な不動産融資の引締めによって不動産価格は暴落し、多くの上場不動産会社が経営破たんに追い込まれた。賃貸需要そのものには大きな変化はなかったにもかかわらず、不動産市況はまたたく間に１８０度様相を変化させたのである。

リーマンショック直後に比べると、現在の不動産融資環境は徐々に緩和から再び積極姿勢に転じ始めつつある。今以上に金融機関が不動産融資に積極的になって不動産市場に入り込む資金が豊富になれば、今後の不動産価格は上昇するだろうし、逆に金融機関が不動産融資に再び慎重姿勢を示すようになれば、不動産価格は再度値下がり局面に転じる可能性が高まる。

インカムゲイン キャピタルゲインって？
簡単にいうとこんなことです
キュ
例えば ネット収入が60万円の 都内のワンルームマンションを800万円で購入したとします
ネット収入というのは賃料収入からかかった経費や管理費などを差し引いた金額のことです
不動産投資は、売値を想定しなければ確定できない
ネット収入＝60万円
ネット利回り＝60万円÷800万円
7.5%
購入金額800万円
この60万円を購入金額800万円で割ると利回りは7・5％ですね
しかし 不動産投資の場合は継続して賃料収入を得る商売です
では翌年も同様にネット収入が60万円
3年目以降入居者が入れ替わり65万円になり5年経過したとしましょう

こうですね
不動産投資は、売値を想定しなければ
投資できない
ネット収入＝60万円
NOI＝60万円
NOI＝65万円
NOI＝65万円
NOI＝65万円
購入金額800万円
キュ
ここでキャップレートの概念を説明しましょう
キャップレート？
この物件を購入したとき利回りが7・5%でした
この物件のエリアではこの利回りが相場ということであれば　同程度のマンションの購入の目安は7・5%　これを購入時のキャップレートといいます
V（価値）＝ I（ネット収入） / R（キャップレート）
つまり　このエリアで不動産投資をする場合そのエリアの相場であるキャップレートを調べる必要があるのです
では　この物件が5年後にキャップレートが7%になっていたとします
この物件を売却した場合
7%

65万円÷7%＝930万円
えっ 930万円？
ネット収入＝60万円
NOI＝60万円
NOI＝65万円
NOI＝65万円
930万円
NOI＝65万円
購入金額 800万円
どうです
この物件は5年間のネット収入は315万円
それに譲渡益が130万円加算されますから 445万円
これを5年で割れば年間89万円となり当初の投資額が800万円なので……
89万円
800万円
＝
11.13%
11.13%
これがIRR（インターナルレート オブ リターン）の考え方でありキャップレートの関係です
キャップレートは日本語にすれば資本還元率というものです
なるほど
この中には売買の経費やローンの利息などもかかりますから 我々はそれも含めて計算し 購入を判断します

(3) 値下がりしても不動産を持っている限りは、追加担保・追加証拠金などを求められない

売却益が出る（キャピタルゲイン）ということは、裏を返せば売却損（キャピタルロス）が出ることもあるということだ。新築の不動産を買って何年か経てば、不動産価値は徐々に低下する。買った当時より売買市場での評価が下がり、それでも何らかの理由があって、売却せざるを得ないとすれば、購入価格より売却価格のほうが低いことによって生じる売却損を覚悟しなければならない。

ただし、不動産評価が下がっても（市場価格が値下がりしても）、購入した不動産を持ち続けていれば、キャピタルロスは生じない。実際に売却した場合に想定される損失を先取りした「含み損」は抱え込むことになるが、実際に売却していない以上は、現実の損失は確定しない一方、毎月の賃料収入（インカムゲイン）は引き続き入ってくるのが不動産投資である。しかも、購入時にその不動産を担保に融資した金融機関から、値下がり分を補てんするための追加担保や追加証拠金を求められることもない。さらに金融機関から借り入れた金額は、毎月元金の返済もしているから借入額は減っていく。

これが株式やFXの信用取引ならどうだろう。一定ラインを越えて株式相場が値下がりしたり、為替が大きく円安や円高に振れて含み損が生じると、追加担保（追証）の差入れが必要になり、これに応じることができなければ、強制的に持ち株を売却させられて手仕舞いを余儀なくされる。

比較すればおわかりのとおり、不動産投資が一番リスクの低い投資であるといわれているゆえんである。

(4) 値下がりしても残債の減少によって、売却時にキャッシュが残る場合がある

購入した不動産が値下がりしても持ち続けられれば損失は生じないが、人によってはどうしても売却しなければならない場合もあるだろう。最近の事例では、相続発生による遺産分割のために親が購入した賃貸アパートを売却・現金化したうえで兄弟間で現金で分け合うといったケースや、本業である商売などに多額の資金が必要になって、新たな投資のために購入した不動産を売却しなければならなくなったケースなどがあげられる。

では 不動産投資の良い部分をさらに説明しましょう
例えば 1000万円を元利均等返済で25年、金利2.5%のローンを組んだ場合 毎月の返済は4万4861円です
0
-5000
-10000
-15000
-20000
-25000
-30000
-35000
-40000
-45000
-50000
利息
元金
グラフにするとこうです
実は現在のような低金利時代だと毎月の支払金額のうち 多くはローンの元金の返済に充当されます
銀行
たしかにそうね
それも最初のうちは金利部分が多いのですが期間が経てば利息と元金の比率は元金が増え続けていきます
ローンの支払いは消費ということだね
いえ これは貯金です
?
例えば1000万円を貯める場合 毎月5万円貯金すれば何カ月かかるでしょう?

ええと　200カ月
16年以上だ
毎月5万円貯金なんてムリ
1000万円の不動産を購入すれば　1000万円の貯金をしたことになります
つまり　1000万円分の資産を手に入れて　この1000万円の借入れを返していくのです
ここでキャップレートが7%とすれば年間70万円の収入が出ます
たしかに
1000万円を元利均等返済で25年　2.5%のローンを組めば毎月の返済は4万4861円だ
年間で約53万8000円
70万円−53万8000円＝16万2000円
そうか！
1000万円の不動産を手に入れて　年間16万円以上のキャッシュフローを得ながら25年後には完済するんだ
そしてローンが完済すれば年間70万円のネット収入も得られるのか！

不動産購入からある程度の期間が過ぎ、ローンの支払いが進むことによってローン残債よりも不動産売却額のほうが大きければ、ローン残債の一括返済後に手取りのキャッシュがかなり多く残る場合がある。例えば、金融機関から1億円を借り入れて購入した賃貸アパートの賃貸経営が順調に進み、ローン残債が半分の5000万円に減っていた一方、そのアパートが7000万円で売却できれば、購入価格から見れば3000万円も値下げしての売却となるが、手元には単純計算で2000万円のキャッシュが残る。

もともと、毎月支払うローンの返済金は利子分と元金分に分けられている。

例えば、元利均等25年返済、多少金利の高いローンでも4%で1000万円を借り入れたローンの返済額は月額5万2784円。1年目の支払時は5万2784円×12＝63万3408円のうち、元金は23万7731円、金利は39万5673円と金利の返済分が大きく上回っているが、10年後の返済内訳では元金は34万543円、金利は29万2861円と、元金の返済分が大きく上回る。つまり支払いが進み、時が経つにつれて元金返済が占める割合は増えてくる。最近では金融機関の条件も良くなり、金利も下がっているからもっと元金の減るスピードは速くなってきているし、大規模な投資の場合、元金均等返済方式で調達することもあるので、意外と早く返済は進むものだ。要は不動産価格が値下がりしても、残債以上で売れれば、損は出ないばかりか、場合によっては利益が出るケースもあるということだ。

ここで注意したいのは新築物件の購入だ。特に新築の区分所有ワンルームマンションなどを購入すると、購入後の物件価格の値下がりが大きい一方で、借入金が多い分だけ元金の減少は遅々として進まない。万が一、購入してから短期間で売却せざるを得なくなった場合は、元金の返済がほとんど進んでいないため、売却代金では残債を一括返済できないケースがほとんどだ。これに対して、購入当初から市場価格がこなれている中古物件を購入した場合は、数年後の売却でもローン残債とさほど開きがない価格で物件を売却できるケースが少なくない。

(5) 不動産を担保に融資が受けられるのでレバレッジが効く

不動産投資と聞いて尻込みする人に理由を聞くと、「不動産を買うほどの大金は用意できない」という人が多い。なるほど、全額現金で買おうとすれば当然だろう。しかし、住宅（マイホーム）と同じように、投資用不動産も全額現金で買うケースは稀であり、ほとんどの投資家は金融機関から借り入れた資金を利用して不動産を購入するのである。

投資用不動産を購入する場合に金融機関から借り入れる、いわゆる「アパートローン」と、通常の住宅ローンとの違いは後述するが、基本的にはどちらも購入する不動産を担保に差し入れることによって金融機関は貸し倒れのリスクをヘッジしているため、資金を借り入れる側は低い金利で資金調達できるところが他の事業性ローンとは違う特徴だ。投資の世界では、このように低い金利で調達した資金を使い、より高い利回りで運用することによって、多くの収益を上げる手法をレバレッジ効果と呼ぶ。

次にレバレッジについてです
レバレッジ？
他人の資本を使って利益を得ることで「テコの原理」ともいうよ
現金で購入した場合
■ネット収入は　800万円
■総投資額は1億2000万円
■この物件の本来の投資利回りは
800万円÷1億2000万円＝
6.67％
諸経費
1000万円
リフォーム
1000万円
1億円
の
投資物件
ROI
8％
NOI
800万円
例えば1億円の物件を購入するとしましょう
しかし　これには手数料や課税などが10％ほどかかるため1000万円必要です
さらに　リフォーム工事等で1000万円かかり合計1億2000万円投資する不動産です

全額現金で購入する場合と
9000万円借り入れる
場合を考えましょう
銀行
この不動産の賃料収入は
年間1000万円とします
ここから空室損
つまり空室に備える
リスクヘッジや諸経費
運営費といった賃貸経費に
かかるコストなど
の合計が200万円
とします
すると
実際に投資物件が
稼ぎ出すネット収入は
800万円です
この不動産を全額現金で
買った場合の実質利回りは
6.67%です
800万円×1.2億円
6.67%
借入金利用で購入した場合
諸経費
1000万円
リフォーム
1000万円
1億円
の
投資物件
ROI
8%
NOI
800万円
自己資金
3000万円
借入金
9000万円
金利
2.8%
返済期間
25年
■ネット収入は800万円
■借入金の返済は500万円
■キャッシュフローは300万円
■投資資金は3000万円
300万円÷3000万円＝
10%
これに対し
レバレッジに
すれば……
えっ
利回りが
10%に⁉

9000万円を金融機関から借り入れる（借入金はデットという）場合は、自己資金3000万円（この自己資金を「エクイティ」という）を用意すればいいのだが、全額現金投資と違って、金融機関に毎月ローン返済しなければならない。この年間返済額が500万円（2・8％、25年返済）だったとしよう。すると、800万円－500万円＝300万円が手元に残る収入だ。自分で用意した3000万円に対して、300万円の収入があるのだから、この場合の自己資金利回り（＝CCR）は10％。

（300万円 ÷ 3000万円 × 100＝10.0％）

1億2000万円を全額現金で用意して不動産投資する場合の利回り6.67％に対して、金融機関から購入資金の一部9000万円を借り入れて、自己資金は3000万円だけだった場合の利回りは10％。借入金（デット）をうまく使ったほうが、全額自己資金（フルエクイティ）で投資した場合より利回りは高いのだ。このように、少ない自己資金でも借入金をうまく活用することによって高い利回りを得られるのがレバレッジ効果である。金融機関から借り入れる金利の低い借入金（デット）を使って、自己資金（エクイティ）の投資効率を上げる。つまり、資本回収効率を高める手法といえる。

これは企業経営でも同様だ。株式発行などで調達した自己資本（エクイティ）の範囲で原材料を仕入れて商品を製造・販売していたのでは、商売の規模拡大はたかが知れている。自己資本に金融機関からの借入金（デット）を加えた資金で原材料を仕入れて、より多くの商品を製造・販売すれば、売上げや利益も拡大し、結果的に同じ自己資本の額でも企業の儲けは多くなる。金融機関からの借入れに対して利子は支払う必要はあるが、その利子を上回る利益を出せば、資本が生み出す利益もより大きくなるということだ。

金融機関の借入れに対して不動産という担保を差し入れる不動産投資では、一般の事業性資金の借入れに比べて、より低利での資金調達が可能だと先に述べた。借入金を使うことで、資本回収効率がより高まるのが不動産投資の醍醐味だといえる。

さらにいうと、レバレッジをかけて不動産投資を行い、資金回収ができたとする。例えば、前記の場合、CCRが10%ということは3000万円の資金は10年で回収できるわけだが、この3000万円をさらに同様の物件に投資したとすると、既存の賃料収入はそのままで新規の物件の賃料が入ってくるのだから、3000万円の資金は2つの物件のネット収入で回収が進むわけで、5年で回収することができる計算になる。さらに、回収後再投資をすると3年ちょっとで回収ができることになる。不動産投資のうまみは、再投資を繰り返すことによって資金回収速度が速まるのと同時に、金融機関のローンの返済が進んで借入金元金の減少による資産増加が見込めることである。

(6) 同じ物件でも、投資家自身の工夫次第によって収益性を高めることができる

株式や投資信託にはない、不動産投資ならではの醍醐味といえるのが、これだ。

購入時には人気がいまひとつのアパートであったとしても、最新の賃貸の入居者ニーズをリ

フォームやリノベーションによって新たに取り入れることにより、人気物件に変身させることができるのが不動産投資＝賃貸経営である。

株式や投資信託ではこうはいかない。一度その銘柄を購入してしまえば終わり。いくら研究熱心な投資家でも、自分の力で株価を引き上げることは不可能だ。これに対して不動産投資では、ありきたりな白い壁クロスに替えてアクセントカラーのクロスを部屋の一部分に張ってみたり（写真①）、ごく普通の照明を間接照明やスポットライトに交換することによって、部屋の雰囲気がぐっとおしゃれになり（写真②）、空室が埋まるばかりか、賃料引上げさえ可能になることは決して珍しいケースではない。

写真①

写真②

したがって、事前の市場分析によって、そのエリアではどんなアパートや間取りが好まれるのかといった賃貸ニーズをつかんでおけば、ほかの投資家が見向きもしないボロ物件を安値で購入し、リフォームやリノベーション、コンバージョンによって人気物件にバリューアップし、高い利回りを得るという投資戦略を取ることもできる。不動産投資は賃貸経営という事業である。買って終わりではなく、買ってからが始まりなのである。常に最新の賃貸トレンドを研究し、投資対象である不動産の収益力向上に気を配らなくてはならない。

ただ、注意したいのは、入居者ニーズが見込めるからといって、投資分析もなしに高額設備中心のリフォームを実行してしまわないことだ。繰り返すが、不動産投資は事業である。事業である以上、投資した資金が本当に回収できるのか、投資によってどれくらいキャッシュフローが高まるのかを慎重に検討しなければならない。高速インターネット設備や、オートロック、フルオートバス、床暖房といった分譲マンションレベルの設備は当然ニーズが高いが、一方でリフォーム費用も多額になる。にもかかわらず、かかった費用分だけ賃料がアップする保証はないのである。空室対策の相談に行った管理会社に言われるがままに、投資分析もなしに高額なリフォームをすると、ほとんどが失敗の憂き目にあう。

ところで、不動産の収益力は、必ずしも多額なリフォームをしなくてもアップさせることが可能なケースが少なくない。

慢性的な空室に悩むあなたが購入したアパートの玄関や共用廊下の掃除は行き届いているだろ

うか。ゴミ置き場は清潔に保たれているだろうか。郵便受けの周囲に、いつも投げ込みチラシが散乱しているといったことはないだろうか。これらを徹底的に清掃し、アパートの出入口に小さな花壇があれば、そこに花や緑を絶やさないようにするだけでも、入居率は高まり、結果的に収益力もアップするのである。

賃貸経営であり、賃貸事業である不動産投資では、「購入後の管理運営が成否を分ける」とはそういうことを指している。

(7) 相続税・所得税の節税に有利に働く

相続対策といえば不動産だ。例えば、現金1億円を持った親が亡くなると、1億円全額が相続税の課税対象になるが、1億円で売却できる不動産を持った親が亡くなっても、1億円すべてが課税対象にはならない。

親が残した不動産が住宅(自宅)だったり、商売として使っていた不動産だったりした場合、その土地の評価には「小規模宅地の評価減」の適用が可能で、子どもが自宅を継承した場合はその評価額が80%減額される(面積330㎡)といった特例がある。また、相続財産の中に賃貸アパートや賃貸マンションなどの賃貸住宅があると「貸家建付地」といって、その賃貸住宅が建つ土地の評価も減額することができる。つまり、資産を現金から不動産に組み替えることによって相続税を減額できる節税効果に注目が集まっている。

また、最近の傾向としては、地方の路線価（国税庁が毎年決めている市街地を形成する地域の道路に面する標準的な宅地1㎡当たりの土地評価額）が低い地域の地主には、この小規模宅地の評価減や貸家建付地を活用したところであまり相続税評価を下げることができないため、首都圏の路線価の高いエリアの投資物件を購入して節税を図るという傾向が出てきている。

したがって、相続を意識し始める年齢になった人の中には、この相続対策を目的にして不動産投資を始める人たちがかなり増えてきている。とくに、かつての賃貸アパート経営は、ほぼ相続対策のために行われていたといっても過言ではないほどで、アパート建設を請け負う建設会社やハウスメーカーも「相続税が下がります」がセールストークの決め手だった。アパート建設のために金融機関から借り入れるローン全額が債務控除額として相続財産の評価から差し引け、前記のように貸家建付地による土地の評価額が下がり、さらに建築物の評価が建築費よりも下がるため、多額の資産を持つ人たちが資産評価圧縮のためにこぞって多額の借金をしながらアパートを建設した。相続税の節税が目的だから、アパートに入居者がいようがいまいが、賃貸経営にはほとんど関心がない。今でも郊外に見かける老朽化したアパートはこうして建設されたものが少なくない。

しかし本来の相続対策としてのアパート建設は、借入金による評価減とともに、アパートを建設して収益を上げ、この収益を相続税の納税資金として活用するような手法でなければならない。使い道のない遊休不動産を持っていれば、これを早めに売却して、その売却資金で収益を生む都心の不動産を購入するなど、資産の組み替えも必要だ。相続対策というと、相続税の圧縮ばかりに目を奪われがちだが、納税資金の確保や、相続が発生した場合の分割のしやすさなど、多面的な視点に立った不動産の活用策が必要なのである。

不動産をうまく活用すれば、こうした多面的な相続対策が可能だ。不動産投資とともに、相続にも専門知識を持った不動産会社のコンサルティングを活用したい。

まや
どう？
不動産投資って
奥が深いのね
だから
オレもやって
みたいんだ
でも
素人には
難しそう
それに
良いことばかり
じゃないでしょ
もちろん
不動産投資には
デメリットもあります
例えば
「流動性が低い」
「不動産特有のリスク」
「短期投資はコスト高」
「塩漬け」など…
詳しく
説明しましょう

③ 不動産投資のデメリットとは？

次に、不動産投資のデメリット（リスク）を考える。不動産投資は最もリスクが低い投資というのが世界の常識だが、リターンを得る以上、それに伴うリスクや、不動産投資ならではのデメリットが存在することも確かだ。

ただ、投資の世界で言うリスクとは、失敗や危険がいつ、どのように起こるかがわからない「予測不可能性」のことを指している。事前にリスクやデメリットの所在をはっきり認識し、失敗する可能性を予測して、いつでもリスクに備えられるようにしておけば、そうしたリスク、デメリットは、かなりの程度でコントロール可能なのである。

(1) 流動性が低い

流動性とは、市場での売買のしやすさ、しにくさのことである。つまり、投資した物件が、すぐに売却が可能で、いつでも現金化しやすいものであるか、逆に売却には時間がかかって現金化しにくいものであるか、ということだ。

1棟ものの高額な投資用不動産は、購入できる投資家も少なく、よほどの好立地物件でもない限り売却しにくい、つまり現金化しにくい、流動性の低い商品の一つである。例えば、来週、急にまとまった現金が必要になったからといって、すぐに売却することはできない。価格が高額で、1物件1物件すべての属性や内容、条件などが異なる不動産を、短期間の判断で買える人はそういない。それでも、急いで売却しようとすれば、買い手から足元を見られて安値で買いたたかれてしまうのが落ちだ。また仮に買い手がすぐに見つかったとしても、金融機関の抵当が付いていれば、その抹消手続きも必要になってくるし、相手方が全額現金購入であれば別だが、仮に金融機関の融資等を利用する場合であれば、金融機関の手続きや不動産取引の性質上、およそ1カ月はかかる。このように、流動性の低い不動産に対して、現金化しようと思えば、すぐに市場で売却可能な株式などは流動性が高い商品といえる。

大型の不動産投資は流動性が低いので、直近に使用目的のある資金では、不動産投資を行ってはいけない。

(2) 金利上昇・滞納・空室・賃料下落・災害といった不動産投資特有のリスクがある

多額のローンを利用して投資するのが一般的な不動産投資は、金利感応度が高く、少しの金利上昇で目論見が狂いやすい性質を持つ。ただ、一般的には金利上昇期はインフレ期、あるいは景気上昇期であり、金利上昇と同時に不動産価格も上昇する。急激な金利上昇や、物価高を伴わない悪い金利上昇には注意すべきだが、緩やかな金利上昇に対しては、必要以上の心配はいらないだろう。

入居者が賃料を払わない滞納や、入居者がなかなか決まらない空室、さらに目論見どおりの賃料が得られない賃料下落なども不動産投資特有のリスクである。したがって、こうしたリスクは不動産投資を始める前の投資分析で、一定程度のマイナスを織り込んでおかなければならない。アパートメーカーなどの建築提案のほとんどは、新築時のプレミアム賃料であったり、相場以上の賃料で満室がずっと続くことを前提にシミュレーションが行われている。賃貸物件の供給が増え、周囲にはライバルがごまんといる現在の賃貸住宅市場では、そんな幸運な賃貸運用はあり得ないのにもかかわらず、である。単純に高い利回りだけを強調する不動産投資勧誘にはだまされないようにしたい。

空室リスクに関しては、賃貸管理会社などによるサブリース（一括借上げ）、あるいは満室保証によってリスクをヘッジする手段もある。ただし、こうしたサブリース契約のほとんどは一定期間後の契約内容の見直しが条件になっている。名前の通った大手の会社のサブリース契約でも、空室が多くて家賃を下げないと入居者が決まらない物件に関しては、サブリース契約の更新を断られたり、保証賃料の大幅な値下げを迫られることが日常茶飯事に行われている。投資の最初に示された高額な家賃保証（サブリース契約）を全面的に信用した不動産投資には慎重になったほうがいい。

一部の悪質入居者によって増加が目立つようになってきた家賃滞納や賃貸トラブルも、不動産投資特有のリスクである。ただ、しっかりした入居者審査や、少しでも賃料の支払いが遅れたら早めの対策を打つことによって、滞納は未然に防止することができる。また賃貸トラブルも管理会社の能力によっては、オーナー自体に被害が及ぶこともない。家賃滞納が発生した場合は、その間の家賃収入を保証してくれる滞納保証という管理サービスもあるし、賃貸トラブル処理まで包括的に対応できるサービスもある。当社の場合、これにあたる。

万が一、滞納が発生した場合にかかるコストと時間は想像以上に膨大だ。明渡しまでにかかるコストは弁護士費用などを含めて約１００万円、下手をすると1年がかりの大仕事になるケースは決して珍しくない。不動産投資家を目指すあなたは、賃料滞納防止や督促・訴訟対応のノウハウを持つ信頼できる不動産管理会社をパートナーに持ってほしい。

大地震や火災といった天災もリスクである。とくに東日本大震災以降は、入居者の間でも建物の耐震性に関心が高まった。投資家自らの資産を守るのはもちろん、入居者の生命を預かるという観点からも、しっかりした耐震性を備えた建物を選んで購入する必要があることは言うまでもないだろう。

(3) 短期の売買を繰り返すにはコストが高い

長期投資を基本とする不動産投資は、株式やＦＸのように、短期間に売買を繰り返して利ザヤ稼ぎを狙う投資戦略は向いていないし、短期売買を繰り返すとコストがかさむ。第一、不動産を売買する際には、不動産会社に支払う仲介手数料をはじめ、売却時の譲渡税や、購入時の不動産取得税、登録免許税など、物件価格の1割程度の諸経費がかかり、売却するときにも仲介手数料や抵当権の抹消費用などがかかる。結局、このコストが利益を圧迫するため、短期売買を繰り返すような投資スタイルは、思うような利益を期待できない場合が多い。

また個人の場合、保有期間5年未満の不動産を売却する場合は、短期譲渡税率（譲渡利益の39％に復興税2.1％を加算）が課せられることにも注意が必要である。

(4) 不動産の値下がりが激しいと、売るに売れない「塩漬け」になることがある

投資物件が大きく値下がりし、やむを得ず売却しなければならなくなっても、売却できる金額（市場の評価）が、残債（ローンの残り）より低く、融資を全額返済するための資金を別途に用意できないと、売るに売れない、いわゆる「塩漬け」物件になってしまう。

後述するが、新築の区分所有ワンルームの購入例が典型的なパターンである。

またバブル崩壊直後は、こうした塩漬け物件が市場にあふれていた。金融機関と相談するか、不動産価格の回復を待つしかない。

(5) 細かい分割がしにくいので、相続などの際に面倒な場合がある

不動産は分割には不向きな投資商品だ。1棟のアパートやマンション、戸建住宅を複数に分けることはできない。例えば、死亡した親から3人の子どもが時価1億円の戸建住宅を相続したと

すると、遺産分割のためには戸建住宅を市場で売却して現金化した後に売却代金を分け合うか、もしくは戸建住宅を相続する1人が、残り2人の兄弟の遺産分の現金を別途用意しなければ円満な相続にはならない。

親の商売を継いだ長男が、商売に必要な店舗付き住宅を相続する必要がある場合に、普段は疎遠だった兄弟の取り分の遺産を用意できずに、「なんで兄貴だけが遺産をもらうのか」といった相続トラブルに発展してしまうケースは少なくない。前述のように、本来、不動産は相続対策に有利な商品である。しかし一方で、節税ばかりに関心が集中して遺産分割のことを事前に考えておかないと、相続が「争続」になってしまうこともある。

相続対策として分割には不向きな不動産を購入する場合は、複数の不動産に分散投資するなど、来るべき相続に備えた対策を取らなければならないということだ。

④「不動産投資は最もリスクが低い」という世界の常識

ここまで記述してきたように、不動産投資はやりかたさえ間違えなければ、ほかの投資に比べて最もリスクが低く、将来にわたって継続的な収入をもたらしてくれる投資である。もちろん、リスクがないわけではないが、投資分析と市場分析を駆使することによって、その多くはコントロールすることが可能な安全な投資であるのは世界の常識だ。

(1) 投資した元金がゼロになる可能性は極めて低い

例えば、株式は、その会社が倒産してしまえば価値はゼロになるが、不動産は投資した元金がゼロになる可能性はほとんどない。万が一、あなたが悪徳不動産会社から投資不適格物件をつかまされて、入居者がまったく決まらず、賃料が1円も入ってこない賃貸経営としては倒産に近い事態に陥っても、元金はゼロにはならない。キャッシュフローを生まないため、市場の評価は急落するが、それでも株式のように紙くずになることはないのである。

万が一、建物が倒壊しても、土地という資産は残るから、元金はゼロにはならない（ただし、建物倒壊の責任が保有者であるあなたにあって、倒壊によって死傷した人から土地価格以上の損害賠償を求められれば、収支はマイナスになることはある）。車のように、査定ゼロや、廃車費用として引取りにお金を求められることもない。現物資産としての不動産の強みがここにあるのである。

(2) 投資目論見は比較的読みやすく、リスク回避がしやすい

不動産投資理論や賃貸経営・管理のノウハウを駆使することによって、投資判断基準となる目論見は比較的読みやすく、また想定される投資リスクを最小限に抑制できる。例えば、大競争時代に入った現在の賃貸住宅市場では、どんな優良物件でも短期間の空室は覚悟しなければならないが、最初から一定の空室による損失を織り込んだ投資戦略を元に物件を購入すれば、空室はリ

スクにならない。

さらに、投資家自身の工夫によって、様々なリスク対策を講じることもできるのが不動産投資だ。想定以上に空室期間が長引いたとしたら、立地エリアの賃貸市場の中で物件の競争力が低下している可能性が高い。再度、物件のポジションを分析し直すと、競合物件との比較でより強みや希少性が発揮できるような事業戦略を取ることができる。ちょっとしたリフォームの場合もあるだろうし、そのエリアでは珍しい女性向きのインテリアを採用したり、アートな小物やちょっとした間接照明などを取り入れてもいいだろう。

先ほど、不動産投資は投資家自身の工夫次第で収益性を高めることができると述べた。同じように、工夫によってリスクを最小限化することもできるのが不動産投資のいいところなのだ。

(3) 資金調達は購入不動産を担保にする融資なので、調達金利が低い

不動産投資は、購入物件を担保に金融機関から資金を調達して行う投資である。無担保融資と違って、担保を提供するから低い金利で投資資金を引っ張ることができる。当然、金利が低いということは投資の安全性が高まるということである。

ローンの返済がある程度進んでいる、ないしはすでに完済していれば、自宅も担保として使うことが可能だ。もちろん、投資用に購入した不動産も返済が進めば担保余力が出る。これを利用して、不動産を買い足していくのが不動産投資のセオリーである。

(4) インカムゲイン（運用益）中心の投資事業である

すでに何度も述べたように、不動産投資は短期の売買によってキャピタルゲインを得る投資ではなく、長期保有を前提に、毎月の賃料収入をコツコツと積み上げていくインカムゲイン中心の投資である。一攫千金的な大きなリターンを得ることはできないが、リスクは低く、安全性が高い投資であるということだ。

日常的に、物件価格が上がった、下がったと市場評価額に一喜一憂することなく、安定した中長期投資の利益によって豊かさが味わえる。また、値下がりしても、売却しなければ実損は確定しない。不動産投資というと、いまだ「派手」とか「危ない」とか、ギャンブル的な投資を想像する人が少なくないのが現実だが、本来の不動産投資とは売買を繰り返す株式投資などと比べて、地味な部類に属する投資かもしれないが、堅実な投資なのである。

⑤ 不動産投資を始める前の3つの分析・評価

不動産投資のメリットとデメリットを説明した。一般の思い違いに関して、多くの投資の中でも最も安全なものが不動産投資であることも説明した。では、具体的に、どういった手順を踏んで不動産投資を始めればいいのだろうか。

不動産投資を始める前には、必ず、「市場分析」「投資分析」「金融機関評価」の3つの分析・評価を行わなければならない。これら3つの分析・評価を行って、いずれもクリアできる三拍子そろった物件を購入することが不動産投資成功のカギを握る。

どれかひとつでも分析結果に難があると投資不適格であるのはもちろんのこと、逆にどれかひとつだけが秀でている物件も、投資不適格であるケースが少なくないことにも注意したい。

例えば、市場分析の結果、その投資エリアの賃貸需給が非常にタイトで、空室が出ればすぐに埋まる可能性が高いということがわかったとする。市場分析の評価は二重丸だが、そういうエリアの物件となると、物件価格が高く、投資効率が悪くなる懸念が出てくる。また、投資分析によって非常に利回りが高い物件があったとしても、それは空室リスクや賃料下落リスクの高い地方物件だったり、何らかのリスクがあるゆえに高い利回りを設定していたりと、高い利回りの背後には落とし穴が潜んでいる可能性が高くなる。

3つのバランスが取れた物件を選ぶことが、不動産投資成功のポイントである。

(1) 市場分析

賃貸経営であり、賃貸事業である不動産投資を始めるためには、まず「投資する物件が安定的に貸せるのか?」という市場分析が欠かせない。

どんな商売を行う人も、事前に市場分析(マーケティング)を必ず行う。飲食店を始めようという人は、出店するエリア・周辺にどんな飲食店があるのか、価格とメニューはどうか、ライバルとなりそうな飲食店の客足はどうか、そのエリアの人口と潜在的な購買力や、顧客ターゲットとなりそうな年齢層、客層の行動パターンや趣味・嗜好、彼らに合ったメニューや店舗デザインの研究など、実際にライバル店を訪れたり、入手できる範囲の資料を活用したり、場合によっては周辺店舗へのヒアリングを行ったりして、必死に分析を行うだろう。この街は若者が多くて儲かりそうだからとか、観光地として消費が見込めるとか、ビジネス街だからランチメニューで勝負するとか、様々な目論見をもって事業の組立てを行う。以前ちょっと住んでいたので知っている街だからとか、自宅の前に土地があるからとか、相続対策になるからといって、商圏分析なしに商売を始めようという人はいない。しかし、不動産投資では、誰が考えてもおかしいような投資をしてしまう人たちが多いのである。

賃貸経営も、基本的には事業である。

若い単身者が多く住む街で、ごく一般的なファミリー住宅を貸し出しても、満室経営は期待できない。また、そもそも人口が少なく、持家比率の高いエリアで賃貸住宅経営は難しいのである。例えば、土地有効活用という観点でアパートの建築を行って不動産投資をする場合、このようなエリアでは、その土地が売却できるような場所であれば、賃貸のニーズより売買のニーズがあるわけだから、売却してその資金を活用して賃貸ニーズのある場所に資産を移したほうがよい。

いずれにせよ、市場分析をしなければどんな投資戦略を採用するべきなのかが、まったくわからない。一般のサラリーマンがこうした市場分析を行うことは時間的にも知識的にも難しいので、不動産会社のコンサルティングを参考にしたい。この場合、購入しようとする不動産が立地するエリアの市場分析をしっかり行い、客観的なデータを元にコンサルティングやアドバイスを提供してくれる不動産会社を選ぶことが大切だ。対象エリアに管理物件を持ち、そのエリアの入居者ニーズや賃料動向、競合物件の状況などに精通した会社が頼りになるだろう。

後述するが、実は「不動産会社」と一口に言っても、様々であり、不動産の仲介（あっ旋）だけを行う会社や、併せて購入後の管理も行う会社、住宅には強いが、アパートや賃貸マンションといった投資用不動産は不得意な会社など、その実態はかなり異なる。より中立的な立場で専門的な投資アドバイスと、その投資実行を手助けするＣＦネッツのような不動産コンサルティング会社も少数だが、ある。名前の知られた大手の不動産会社でも、細かなエリアの賃貸市場には詳しくなかったり、コンサルティングは不得意な会社は少なくないので注意が必要だ。

(2) 投資分析

投資分析とは、投資の安全性や効率性を、客観的な数字（指標）で把握することだ。不動産投資は「この物件なら貸せるだろう」とか、「最低10万円の賃料が取れそうだからこれだけ儲かるだろう」といった感覚で行ってはならない。投資分析を行えば、しっかりと安全性を確保しながら、自分が投じた自己資金を最大限に効率よく回る物件が自ずと見えてくるのである。

例えば、投資の安全性は、購入しようとしている物件のネット収入＝ＮＯＩ（賃料収入から、支払わなければならない諸経費及び運営費を差し引いて残る実際の収入額）が、ローン返済額の何倍あるかを示すＤＣＲ（デット・カバーレッジ・レシオ＝負債支払い安全率）という指標で知ることができる。ネット収入が、支払わなければならないローン返済額より大きければ大きいほど、その投資は安全性が高いということはおわかりいただけるだろう。

ちなみに、ネット収入（＝「ＮＯＩ」という）が１３０万円で、年間ローン支払い額（＝「ＡＤＳ」という）が１００万円だとすれば、この物件のＤＣＲはＮＯＩ１３０万円÷ＡＤＳ１００万円＝１.３と計算する。この物件のＤＣＲは１.３。つまり、金利上昇などで年間返済額が１.３倍上がっても持出しにならずに持ちこたえることができるということを示す。当然、空室の増加などによるＮＯＩの低下に対しても、抵抗力があるということだ。

ＣＦネッツでは、基本的にＤＣＲ１.３以上の投資を目安としている。ただ、ＤＣＲが大きければ大きいほど優れた不動産投資かといえば、そう簡単ではない。物件を購入する場合にＤＣＲを大きくするには、年間返済額を小さくする、つまりローンの借入れを最小化、あるいは借入れを起こさず全額自己資金で買えばいいわけだが、そうすると自己資金の利回り（＝ＣＣＲ・キャッシュオンキャッシュリターン）が低下する。つまり、レバレッジ（金融機関借入れによるメリット）が効かず、自己資金の稼ぎが低下して、投資効率が悪くなってしまうのである。つまり不動産投資においては安全性と効率性は反比例の関係にあるのだ。

また、表面利回りにだまされない。

投資物件の販売資料を見るとそのほとんどが表面利回りの表示のみである。実際には、そのエリアの空室率や未回収損を見なくてはならないし、運営費を見なくてはならない。またエレベーター、浄化槽、受水槽などの有無によっても運営費は変わってくるし、賃料の高く取れないエリアほど運営費の占めるウエイトはおのずと高くなるのでしっかり見極める必要がある。

〝投資の安全性と効率性をしっかり見極めよう！〟

ここでは投資分析なしの不動産投資はあり得ないし、そうした客観分析なしに投資物件を勧めるような不動産会社があれば、それは見送ったほうがいいということを覚えていてほしい。

(3) 金融機関評価

金融機関のローンを使ってレバレッジをかけ、効率よくリターンを得る不動産投資では、金融機関から購入資金のローンをどうやって取り付けるか、資金調達としてアパートローンをどう組むかが極めて重要になる。市場分析と投資分析を経て、「これならいける」と判断できる投資適格物件に出合ったとしても、金融機関のローン審査が通らないと実際にその物件は購入できない。不動産投資を始めようと思ったら、物件を探す前に、金融機関のローンを当たってみることをお勧めする。ちなみに当社の場合、個別相談を行っていて、その人それぞれの投資目的と目標を決めたうえで、初めに行うのがこの金融機関の打診である。いわゆる事前相談といって、その人の属性によって金融機関も異なるし、融資条件も異なる。我々コンサルタントは、まず初めに行う作業が、いかに有利な金融機関からの借入条件を取り付けるかというものである。

後述するが、アパートローンは、マイホームを購入するための住宅ローンとは審査が異なる。アパートローンを通すには、ちょっとしたコツがあるのだ。金融機関は融資しようとする物件の評価（信用力）がどれくらいあるかを審査するのはもちろん、購入する人の人的な信用力をより重視する。つまり、同じ物件の購入でも、この人には貸すが、この人には貸さないとか、またその逆で、同じ人物に対してでもこの物件であれば貸すが、この物件では貸さないということが普通に起こり得るということだ。

また金融機関によって融資する物件の得意・不得意があり、購入物件の築年数の新旧や鉄筋コンクリート造・木造・軽量鉄骨造などの物件の構造の別により金融機関ごとに物件の評価の仕方が異なる。

不動産投資を始めようとする人は、まず、こうしたアパートローンの特徴や種類、仕組みを知らなければならない。アパートローンは扱っている金融機関が限られているうえに、金融機関によっても癖があるし、極端に言えば、同じ金融機関でも支店や担当者によっても融資スタンスが異なる。日常的にアパートローンを貸し出す金融機関と取引のある不動産会社なら、こうした事情も心得ているので心強い。

ふう
不動産投資って面白そうだろ高橋
ええ
セミナーに参加するたびにやりたくなります
じゃあ実践あるのみ
でもまやが
そんなことより結婚資金を貯めるほうが重要です
星野さんの奥さんみたく理解されないのも困る気がします
言ってくれるね
まあ確かに理解してもらうほうがやりやすいね
星野さんは投資歴は長いのですか?
まあね気が小さいから都内のワンルームマンションをいくつか保有してるだけだけど

どういうことです？
だってもしも1棟もののアパートを購入して市場が変わったら大変だよ
空室が増えたら全部に影響する
アパートって1階の空室が多いって言いますね
だからワンルームマンション？
区分所有者のマンションなら条件の良いところだけ買えばいいし　市場が落ち込んだエリアの物件を持っていたらそこだけ売ればいい
なるほどさすが星野さん
そんなに努力しているのに奥さんは関心がないのですか？
まやちゃんみたいに少し勉強してくれるといいんだが
おっと休憩時間がおわるぞ
さあ勉強勉強

第2編

現在の不動産市況

① 不動産市況はどう決まるのか？

(1) 基本的要因は「需要と供給」

不動産投資を始めようと思うのなら、不動産市況を押さえなければならない。足元の市況を理解するのはもちろん、このエリアの不動産はこれから上がるのか、下がるのか、価格が上がるのはどのエリアかといった予測がひと通り自分で把握できたほうが、投資の成功率はより高まる。

では、不動産市況はどのように決まるのだろうか。基本的には、ほかの商品と同じように需要と供給とのバランスで価格は決定する。モノはないのに欲しがる人がいれば価格は上がるし、逆にモノがふんだんにあるにもかかわらず欲しがる人がいなければ価格は下がるのが経済原則だ。車でいえば人気車は高く、不人気車は安い。さらに同車種であっても人気色か不人気色でも価格は異なる。またトマトやキュウリといった野菜であっても、豊作の年は価格が下がり、不作の年は高騰する。

これを不動産に当てはめれば、何もなかったところに新しく大学が開校し、学生がどっと流入してきたような街の学生向けアパートは賃料が上昇するといったケースが考えられる。これまでいなかった大学生の需要が一挙に増えたにもかかわらず、アパートが不足していれば、その価格は上昇するのが経済原則だ。その逆に、大学のキャンパスが移転してしまって、その近隣には独身者が勤めるような会社がないような場合、賃料は暴落する。

細かに市場を見れば、物件の希少性も価格に影響する需給要因だ。駅前のアパートは物件数が少ない一方で、利便性を求めて住みたがる人は多く、その希少性によって賃料は上限に張り付く。逆に駅から遠く空き地の多い郊外はアパートが建築しやすく、供給も多いので希少性は低い。こうしたエリアでは、例えば1住戸に対して駐車スペースが2台分あるとか、外観デザインがおしゃれな輸入住宅テイストだとか、ほかの物件にはない特徴（希少性）を備えていることが価格安定の要件になる。

不動産における
価格変動の要因は
需要と供給だけでは
ありません
どういう
こと？
政策的要因が
大きな影響を
もつのです
簡単に言えば
平成バブル経済の際
金融緩和　優遇税制
さらには既成市街地内の
宅地の追い出し政策もあり
住宅地価が中心となり
価格が高騰しました
いわゆる
バブル期です
みんな
踊らされて
いたね
そんな時代が
あったんだ

しかしその後
日銀総裁が
金融の総量規制や
優遇税制廃止
高金利誘導をとったことで
投資資金が絶たれる
形になりました
バブル崩壊です
首都圏では建築中の
建物の工事代金が枯渇し
工事が中止になったり
土地がそのまま放置
されたり　競売に
なったりするなど
過剰供給になります
デフレです
土地や資産が
下がったね
ぼくらは
それ以降しか
知らないな

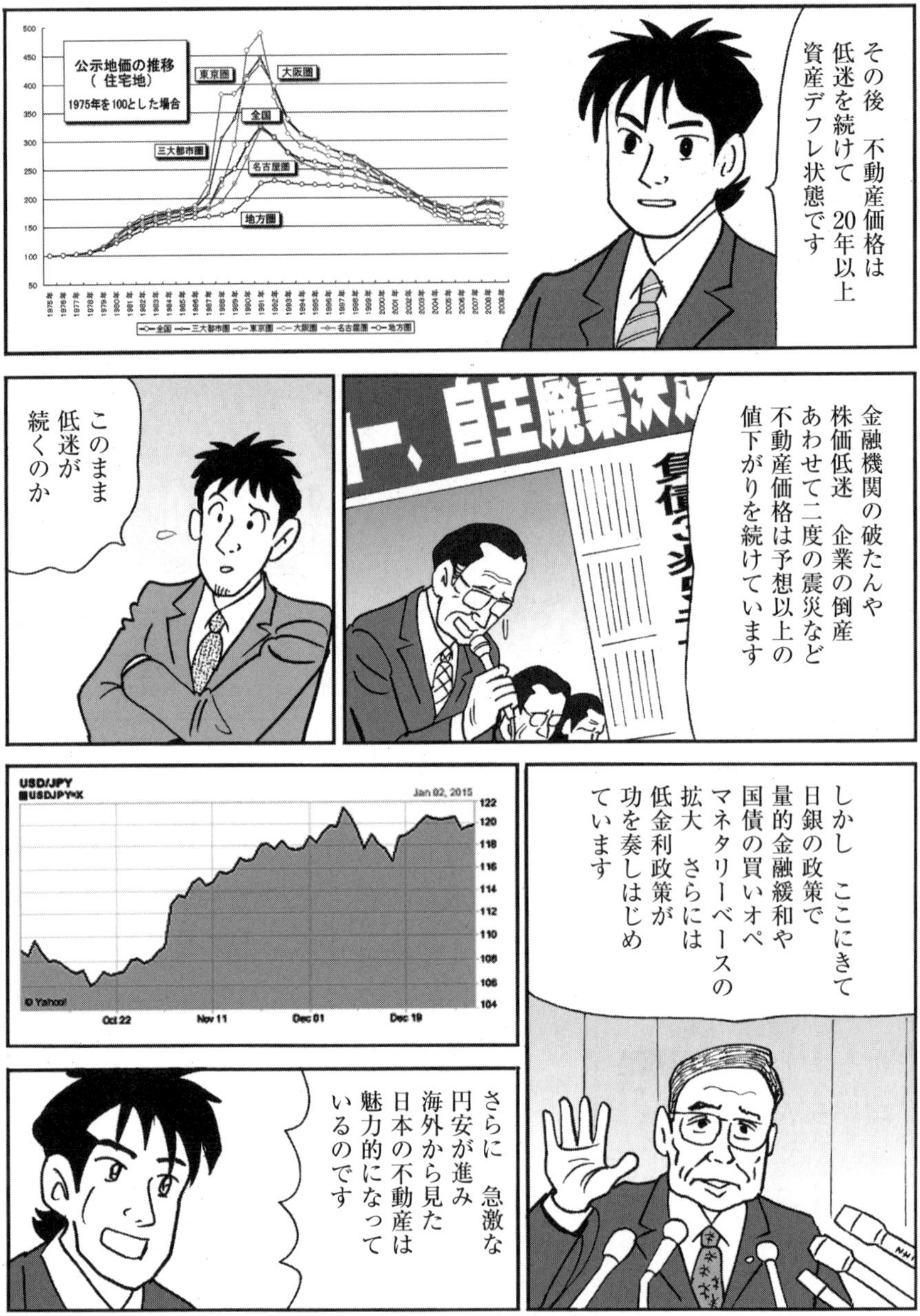
その後　不動産価格は低迷を続けて　20年以上資産デフレ状態です
公示地価の推移（住宅地）
1975年を100とした場合
東京圏
大阪圏
全国
三大都市圏
名古屋圏
地方圏
金融機関の破たんや株価低迷　企業の倒産あわせて二度の震災など不動産価格は予想以上の値下がりを続けています
このまま低迷が続くのか
しかし　ここにきて日銀の政策で量的金融緩和や国債の買いオペマネタリーベースの拡大　さらには低金利政策が功を奏しはじめています
USD/JPY
Jan 02, 2015
Oct 22
Nov 11
Dec 01
Dec 19
© Yahoo!
さらに　急激な円安が進み海外から見た日本の不動産は魅力的になっているのです

(2) 不動産特有の価格決定要因

不動産市況は、基本的には需要と供給のバランスで決まると述べた。だが、単純に需給バランスだけでは価格が決まらないのが不動産である。

まず、不動産市況や価格は、人口・世帯数動向や少子高齢化の進展度合いといった社会要因に大きく左右される。東京や横浜といった人口が増えているエリアの不動産価格は上昇し、逆に人口流出が止まらないエリアの不動産価格は下落するというのは容易に想像がつくであろう。

少子高齢化は中期的に不動産価格を押し下げる。新しく住宅を求めるのは、一般的に学生やサラリーマンなどの若年層だ。高齢者世帯はすでに自宅を保有している割合が高いし、保有していなくても経済的理由などで新規に住宅を求めるケースは若年層ほど多くはない。したがって、仮に人口や世帯数に変化はなくても、高齢者世帯の割合が高まれば、自ずと不動産価格も頭打ちになることが予想できるのである。

また景気動向や金融環境、さらに、国の財政や税制、インフラ整備などの政策といった経済と政策的要因によっても不動産価格は大きく変わる。前述したように、不動産は金利動向や金融機関の融資スタンスといった金融環境との相関が極めて高く、国や日銀のさじ加減ひとつで価格は上昇にも下落にも、どちらにも簡単に転ぶ。例えば、金融当局が行き過ぎた不動産価格の上昇を抑え込もうと金融を引き締め、金融機関に不動産融資の厳格化を示唆すると、途端に不動産市場は凍りつく。昭和から平成にかけてのバブル経済の発生は、「既成市街地等から郊外への買替え特例」と併せて、とくに東京都下のオフィス需要が高まるとの予測で、東京都内の土地が高値で買われ、その資金が既成市街地外の郊外に流れ、不動産価格が急激に高騰した。また同時期に不動産所得と源泉所得の損益通算が認められていたため、高額納税者が首都圏のワンルームマンションなどを購入し、これらの不動産も高騰、そして前述の買替え特例などを使って郊外のアパートなどを買い、郊外の不動産までもが高騰した。そしてバブル経済の崩壊。日銀が高金利誘導を打ち出し、建設、不動産等への融資の総量規制を行い、金融機関では融資基準の厳格化や貸しはがしと呼ばれた融資資金の回収によって世の中のお金の総量が減少し、不動産もバブル経済崩壊とともに価格も急落してしまった。近年では2007年に米国のサブプライムローン問題に端を発した世界的な金融危機とリーマンショックが、せっかく上昇基調をたどっていた日本の不動産市場を再び崩壊させ、東日本大震災の影響で観光地や沿岸地域の価格が下落している。

金融環境は中長期的に必ず変化する。今の金融環境が永続すると勘違いせず、将来の変化に耐性力を備えた投資戦略を立てることが重要だ。

不動産税制や、再開発、インフラ整備といった都市政策の行方にも注目したい。ここ数年は、住宅市場に国内景気の下支え役を期待する政府が、住宅取得に対する優遇税制を相次ぎ打ち出したことで、住宅需要が活発化中だ。本来は時限措置だった住宅ローン控除も延長が繰り返され続けているうえに控除枠が拡大し、親や祖父母から住宅を取得する子どもに対する資金援助である贈与も、特例措置によって一定額までは贈与税がかからない政策が取られている。

政策によって進められる再開発やインフラ整備は、開発対象地であるエリアの不動産価格に最も大きく影響する。2020年の東京オリンピックに向けたインフラ整備や、国際競争力の向上を目指す東京圏の国家戦略特区計画などが、その代表例だ。

さらに、不動産価格は、建物を造る建設市場の動向とも関連が深い。最近では、東日本大震災の復興需要や、公共工事の増大政策によって、建設工事に携わる職人不足が顕著となり、建築費の高騰が一気に進んだ。加えて、円安によって輸入に頼る建築資材の価格も上昇したことで、建物を建設する際のコストが大きく押し上げられ、大きな問題になっている。

建築費の上昇は、物件価格の上昇を通して不動産投資の効率を悪化させる力として働く。現在の建設ラッシュは2020年の東京オリンピックまで続くと言われており、さらに、少子高齢化も手伝って、若者の建設業の職場離れは深刻さを増すばかりだ。今後も建築費の高止まりは避けられないと見られている。

② 不動産需給を左右する人口・世帯推計

ここでは、不動産市況を決める要因のうち、社会的要因、なかでも今後の不動産の需給と価格に大きな影響を及ぼす日本の人口と世帯数の将来推計から今後の不動産市況を占ってみよう。

戦後の経済成長とともに、一貫して人口が増え続けてきた日本の人口は2004年をピークに毎年減り続け、人口が減少に転じた2005年が「人口減少元年」といわれている。ただ、人口が減ったからといって、すぐに不動産需要が減少するわけではない。総人口が減っても、一人暮らし世帯の増加や、夫婦のみのDINKS世帯の増加などによって、不動産需要に大きく関わる世帯数は当分の間、増え続けるか、以前の水準を維持するのが一般的だ。

ここで注意しなければならないのは、1世帯（家庭）当たりの中身の変化だ。グラフ①のようにたとえ以前と世帯数は同じであっても、1世帯当たりの人数は単身世帯などの増加によって少人数化が進む。

かつて日本の家庭のモデルケースは夫婦と子ども2人の合計4人世帯だった。政府統計や、様々なマーケティングも4人家族をベースに行われていたが、現在ではこうした統計やマーケ

グラフ①　日本の人口・世帯数の推移と将来設計

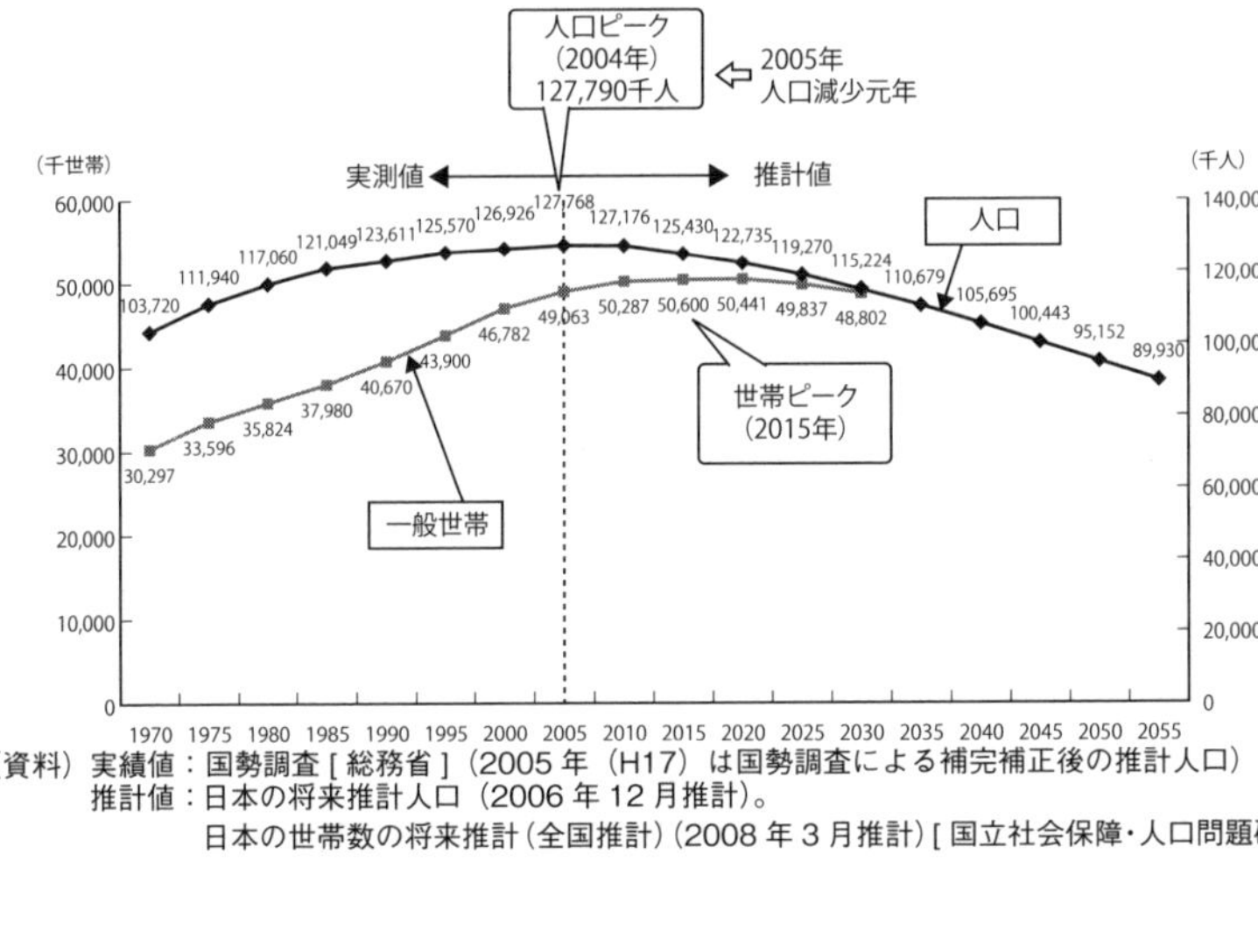

（資料）実績値：国勢調査［総務省］（2005年（H17）は国勢調査による補完補正後の推計人口）
推計値：日本の将来推計人口（2006年12月推計）。
日本の世帯数の将来推計（全国推計）（2008年3月推計）［国立社会保障・人口問題研究所］

ティングの現実味は乏しい。若者や高齢者の一人暮らしをはじめ、DINKS世帯の割合が高まると、不動産市場では、これまで需要の中心を占めていた家族4人暮らし向けのファミリー住宅ニーズは減少し、代わって単身やDINKS向けの小規模住宅ニーズが高まる。単純に言えば、大きい住宅を求める世帯よりも、1人や2人暮らしに合った小さい住宅を求める世帯が増えるということだ。賃貸住宅のニーズも、4DKよりも3LDK、3DKよりも2LDK、単身者用の住宅も1DK、あるいは1LDKなどのニーズが増えてきている。

人口や世帯数の動態は、不動産需要の絶対量（需要ボリューム）とともに、不動産市況に大きな影響を及ぼすことを知っておかなければならない。

さて、総人口の減少後も緩やかな増加を示していた日本の世帯数も、世界有数のペースで進む少子高齢化の影響は避けられず、2015年にはピークを迎え、2016年からは減少に転じる。総人口と世帯数が同じ水準になるのは2030年。この頃には今以上に住宅需要そのもののボリュームが減っていることはもちろん、需要の中身も、より少人数世帯向けの住宅ニーズ中心にシフトしていることは想像に難くないだろう。

③　賃貸住宅戸数と空室数の推移

(1)　悪化を続ける賃貸住宅市場

次に、不動産市況に影響を与える賃貸住宅市場の需給バランスに注目してみよう。グラフ②のように不動産投資の対象であるアパートや賃貸マンションといった貸家の着工が２００５年以降増え続けたことによって、市場に供給される賃貸住宅のボリュームも右肩上がりに高まった。賃貸住宅のメーンユーザーである単身者や結婚したばかりの若年カップル、ＤＩＮＫＳ世帯は総人口が減少に転じた２００５年以降も増加を続けているものの、そうした彼らの賃貸住宅に対する需要の増加ペースも、これを上回って増え続ける賃貸住宅供給量の増加ペースには追い付かず、結果的に賃貸住宅市場の平均空室率は上がり続けているのが現状だ。

グラフ②　賃貸住宅戸数、空室数の推移

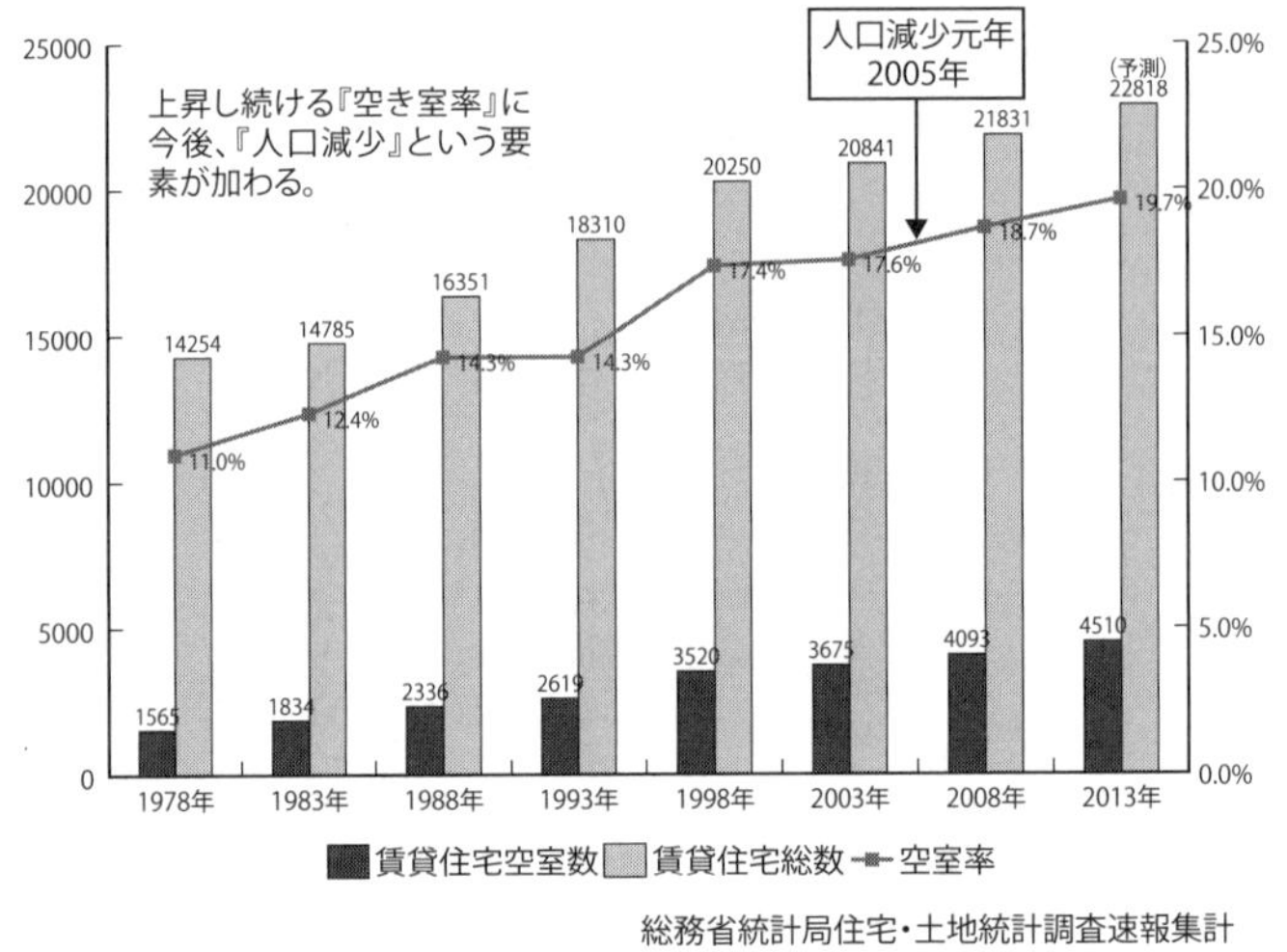

総務省統計局住宅・土地統計調査速報集計

総務省統計局によると全国平均の賃貸住宅空室率は約20％。単純に、20％の空室率なら1年のうち約2カ月半は空室で家賃収入が途絶えることを意味する。「不動産投資がしたい」という思い込みだけで、市場分析もなしに「買える物件」「欲しい物件」に手を出してしまうと、痛い目にあうのが今の不動産賃貸市場の現状なのだ。

最近の住宅着工を見ても、貸家着工の増加ペースは消費税増税前の駆け込み着工ほどではないにせよ、いまだ大きく衰える気配は感じられない。したがって、今後も供給増加によって賃貸住宅の平均的な空室率は上昇し続け、さらに人口や世帯数の減少によって需要ボリュームも今以上に減少するため、平均的な空室率の上昇ペースは加速度が増す事態が想定されることを肝に銘じてほしい。

では、不動産投資は敬遠したほうがいいのだろうか？

少子高齢化時代にはリスクの高い投資なのだろうか？

そんなことはない。

どこの、どんな物件を選んで投資するのか、市場分析を元に投資適格物件を選別すれば、少なくとも空室リスクは大きく軽減することが可能なのだ。

先ほど述べた、世帯当たりの人数に再び注目してほしい。自ずと、投資対象物件が見えてくると思う。賃貸住宅市場の「平均的」な空室率は上昇が避けられないとしても、あくまでも上昇するのは平均値だ。少子高齢化によって人口や世帯数が減少局面に転じても、なお強い需要を維持する物件やエリアを選別すれば、平均より格段に高い入居率を維持することができるのが不動産投資なのである。

(2) ターゲットは需要増加の単身世帯

「日本の世帯数の将来推計（グラフ③）」を見ると、人口や世帯数の減少と賃貸住宅の供給増加による平均空室率の上昇時代にも有効な投資先は一目瞭然だ。

全体的には総人口も世帯数も減少する一方、単身者世帯は今後も増加すると予測されている。これからの単身者世帯とは、学生や若年サラリーマン・OLといった、将来結婚して子どもを産む前の一時期にアパート暮らしをする、従来の単身者世帯の主流を占めていた若年プレファミリー世帯だけにとどまらない。年を追うごとに顕著になりつつある晩婚化や、積極的にせよ消極的にせよ、生涯独身を通すライフスタイルの増加によって、30代や40代、50代の、これまでは少数派だった若年とは言えない年齢層の単身者が、都市部を中心にすでにかなりのボリュームを形成するようになっているのだ。

数年前からのマーケティングのキーワードであり、流行語にもなった「おひとりさま」は、そうした彼ら・彼女らのライフスタイルの変化とニーズに注目して生み出された。住宅に限らず、物販はもちろん、これまで家族やカップル単位でしかメニュー構成や店舗企画を考えていなかった飲食などのサービスや旅行などの余暇・娯楽産業も、すべてが単身者世帯を強く意識しなければ経営が成立しなくなった時代に突入している。

さらに今後は、高齢者の単身者世帯も急増する。核家族化によって、子どもが独立した後は夫婦2人で暮らし、配偶者に先立たれた後も、子どもの世話になることを敬遠して、積極的に一人暮らしを選択するアクティブシニアはすでに珍しくなくなった。賃貸住宅ユーザーとしての単身高齢者は、安定的に賃料が払えるかどうかの収入面の懸念や、体が不自由になった場合の病気や介護の問題、また、失火や漏水といった家の中での事故や、最悪の場合は孤独死といった高齢者特有のリスクを考慮する必要があるものの、これからの賃貸住宅需要の強力な一翼を担うのは確実だ。

グラフ③を見ると、こうした単身ライフスタイルの定着を背景に、戦後日本で最も多かった夫婦と子どもの家族世帯は2000年ごろから

グラフ③　日本の世帯数の将来推計

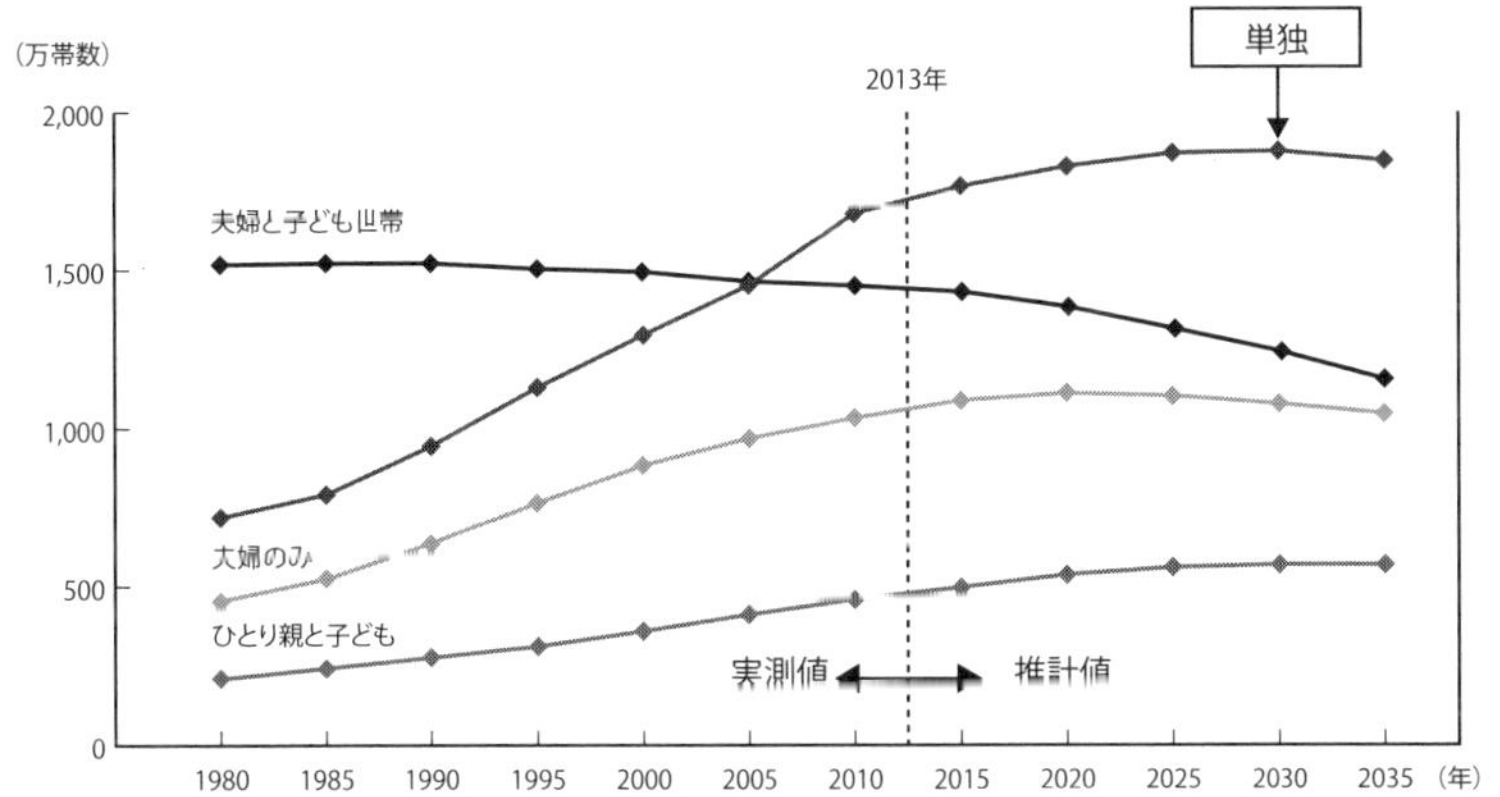

2013年・国立社会保障・人口問題研究所、「日本の世帯数の将来推計」

減少に転じ、2005年には急増する単身世帯が、夫婦と子どもの家族世帯を追い抜き1位になったことがわかる。現在の日本で最も多い世帯は、すでに単身世帯なのだ。DINKSや、子どもが独立した後の夫婦のみの世帯も2020年ごろまでは微増を続け、2035年には夫婦と子ども世帯に迫ると見られている。また、離婚率の増加などによって、シングルマザーやシングルファザーなどの、ひとり親と子ども世帯も当面は緩やかな増加が見込まれている。

(3) 時代は都市型ライフスタイルへ

少子高齢化時代でも単身者世帯は増えるのだから、こうした単身者向けのワンルームマンションやコンパクトタイプのマンション、賃貸アパートを中心に物件選びをすればいいということはわかった。では、ワンルームや賃貸アパートなら、どこの場所の物件でもいいのだろうか。もちろん、そんなことはない。

賃貸需要が伸びるのは、少子高齢化時代でも人口増加が見込める場所だ。とくに、単身者のライフスタイルに合った東京圏や大阪圏といった人口流入が続く都市圏の賃貸需要が底堅いことは容易に想像がつくだろう。

大都市は多様なライフスタイルを送る彼らに合った多彩な就業機会が豊富にあるだけでなく、コンビニや深夜営業のレストラン・バー・居酒屋、24時間営業の量販店など、彼らの生活を支える〝ライフライン〟が整っている。音楽好きには世界に先駆けてトップアーティストがコンサートを開く会場があったり、世界のグルメを手ごろな価格で味わえるレストランの数々や、映画・演劇・アート・ファッションなど最先端がそろう都市環境は、インターネット通販の急速な普及によって、どこにいても欲しいモノが買えるようになった現代でも、残念ながら地方では味わうことができない。さらに、実は東京エリアは観光という面でも群を抜くようになる。世界で通用する銀座をはじめ、浅草や新宿などは海外から見ても知名度はあるし、日本の首都である以上、観光だけでなく、研修や留学、企業誘致なども考えた場合、日本の人口減少を外国人、あるいは外国企業の進出によってまかなうと考えると、やはり首都である東京は強い。2020年に開催される東京オリンピック以降、東京の地価は暴落するといった風評も出始めているが、東京オリンピックの開催は国家プロジェクトであり、国家予算が東京に集中して注がれるとインフラはさらに整備が進む。つまり、首都集中は避けられず、日本全体で見て集中と過疎化の二極化がさらに進むことになるのである。

さて、次ページのグラフ④の都道府県別の人口増減率の推移を見てほしい。

平成17～22年に人口が増えているのは東京、神奈川、千葉、埼玉、沖縄、滋賀、愛知、大阪、福岡の9都府県のみ。若年人口が多く、団塊世代の移住ニーズなどが注目されている沖縄県を除けば、すべて都市を楽しむための生活・文化インフラが整った大都市圏であり、こうした都市インフラが相対的に脆弱な残りの38道府県は、程度の差こそあれすでに人口減少局面に突入していることがわかる。

平成17〜22年の人口が増加している9都府県のうち、東京都と千葉県、埼玉県、大阪府は、平成12〜17年よりも平成17〜22年のほうが人口増加率は高く、ここにきて人口の集中ペースが加速している。なかでも最も人口増加率が高いのは、もちろん東京都だ。様々な批判はあるものの、現実には世界有数の大都市である東京への人口一極集中はとどまることはなく、今後もこうした傾向は続いていくと考えていい。

その東京の単身者世帯数は現在約200万世帯（200万人）。2015年には約207万世帯、2020年には約210万世帯に増えると予測されている。東京の単身世帯の住宅ニーズは今後も旺盛だということがわかっていただけただろうか。

ただ、もっと細かく言えば、東京や神奈川、千葉、埼玉の単身者向け住宅だったら、どの不動産に投

グラフ④　都道府県別人口増減率の推移

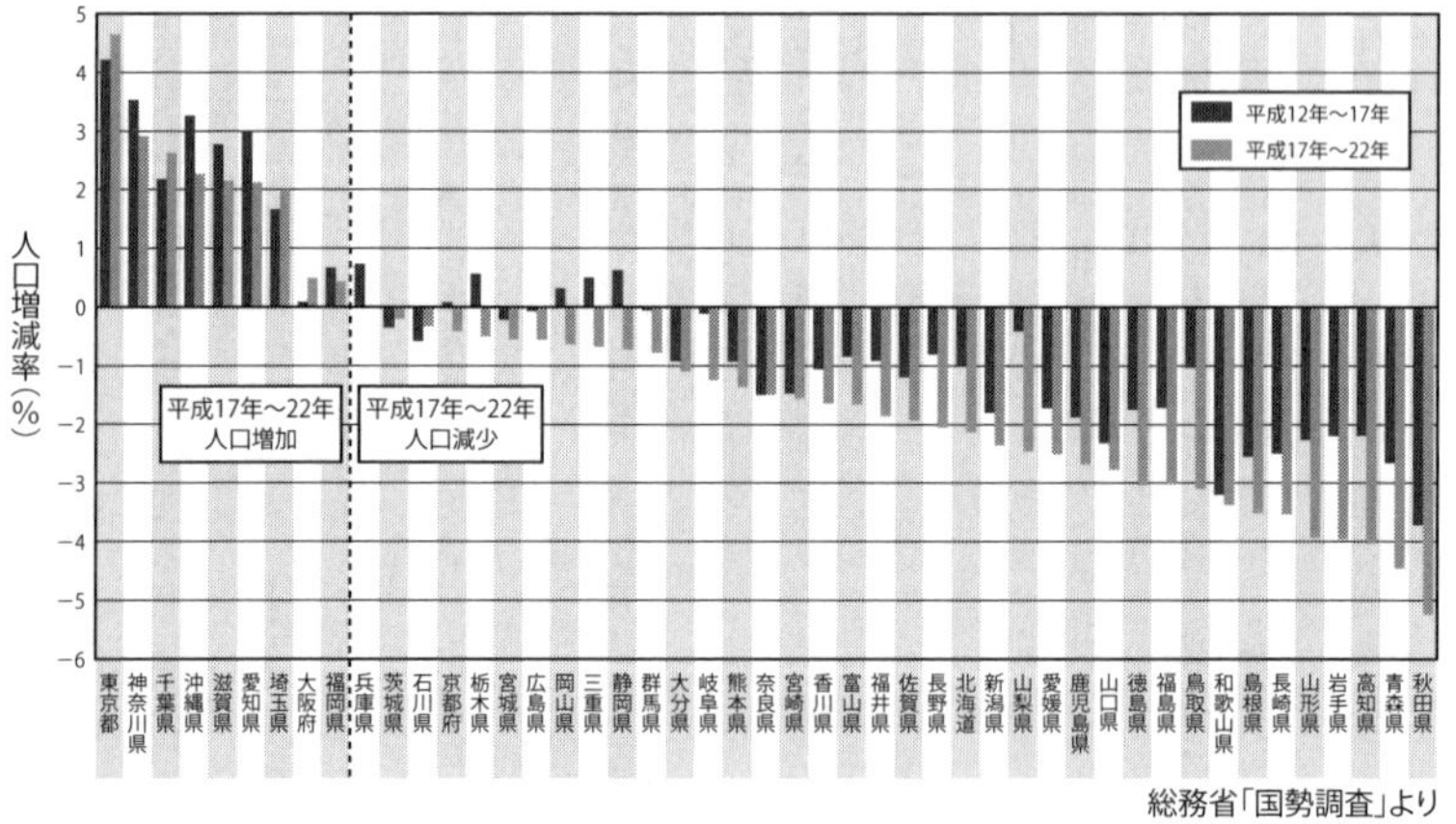

総務省「国勢調査」より

資しても構わないというわけではない。東京でも不動の人気を誇る吉祥寺や自由が丘、下北沢のような人気駅と、それほどでもない駅とでは当然賃貸需要には格差があり、さらに子育てに向く生活環境志向が強い家族世帯と違って、生活利便性をより重視する単身者世帯は生活利便性に優れた駅からの距離を重視する傾向が強い。一方で、賃貸需要の強い吉祥寺や自由が丘などといった人気駅は物件価格も高く、投資利回りが低くなるケースが少なくない。安全性が高ければ、投資利回りが低くても高値で流通する。仮に、安全性を重視して投資計画を立てる場合、若干自己資金を多めにする必要がある。

人気エリアの中心や駅からの距離によって、同じ部屋探しをする単身者でも求める住宅ニーズが異なる場合もある。例えば、山手線の内側や、人気駅から徒歩5分圏内のワンルームだったら現在でも専有面積が15㎡程度でも許容するだろうが、東京から1時間も離れたエリアでは今どきワンルームマンションでも20㎡以下は敬遠する可能性が高い。さらに、これが地方都市の場合だと、単身者向けでも30㎡程度の広さがないと部屋探しをする入居者から見向きもされなくなってしまう。

投資エリアの選択は、今後の再開発や鉄道新線・新駅などの都市インフラの整備動向、さらに人気施設の開発予定なども合わせて賃貸需要の将来動向を読み、慎重に行わなければならない。

首都圏の読者ならピンとくるだろうが、以前は東京でもそれほど人気のなかった城東・城北エリアの賃貸住宅の人気がここ数年で急速に高まった。理由は東京新名所になったスカイツリーの完成だ。同じマンションやアパートでも、スカイツリーが見える部屋と見えない部屋とでは、賃料が異なるのが当たり前になるほど、消費者ニーズを変化させたのである。ひとつの開発だけで、不動産需要は大きく変化する。

ただし、注意したいのはスカイツリー周辺の賃貸住宅の賃料が一律的に上がったのではなく、窓からの眺望という付加価値に対してである。ほかにも海が見える、花火が見える、あるいは東京タワーが一望できるなどの付加価値の高いところや人の集まるところは賃貸市場に大きく影響する。

(4) 契約実績から見た投資適格物件

ではここで、CFネッツの2013年の契約実績(グラフ⑤)を参考に、どこに投資すべきだと私たちが考えているのかを見てみよう。

2013年の年間契約本数はトータル473本。うち、アパートや賃貸マンションなどの1棟ものが月間平均6・9本で、年間では83本だった。ワンルームは月間平均30本で、年間356本。そのほか、年間では住宅が15本、その他19本で、合計473件の不動産を投資家のみなさまにご購入いただいた。

内訳では、1棟ものの投資物件83本のうち、最も多かったのは、やはり東京23区内所在の不動産で、その数は62本。割合にすると1棟もの物件のうち約75%を23区内の物件が占めたことに

グラフ⑤　CFネッツの売上実績（単位：円）

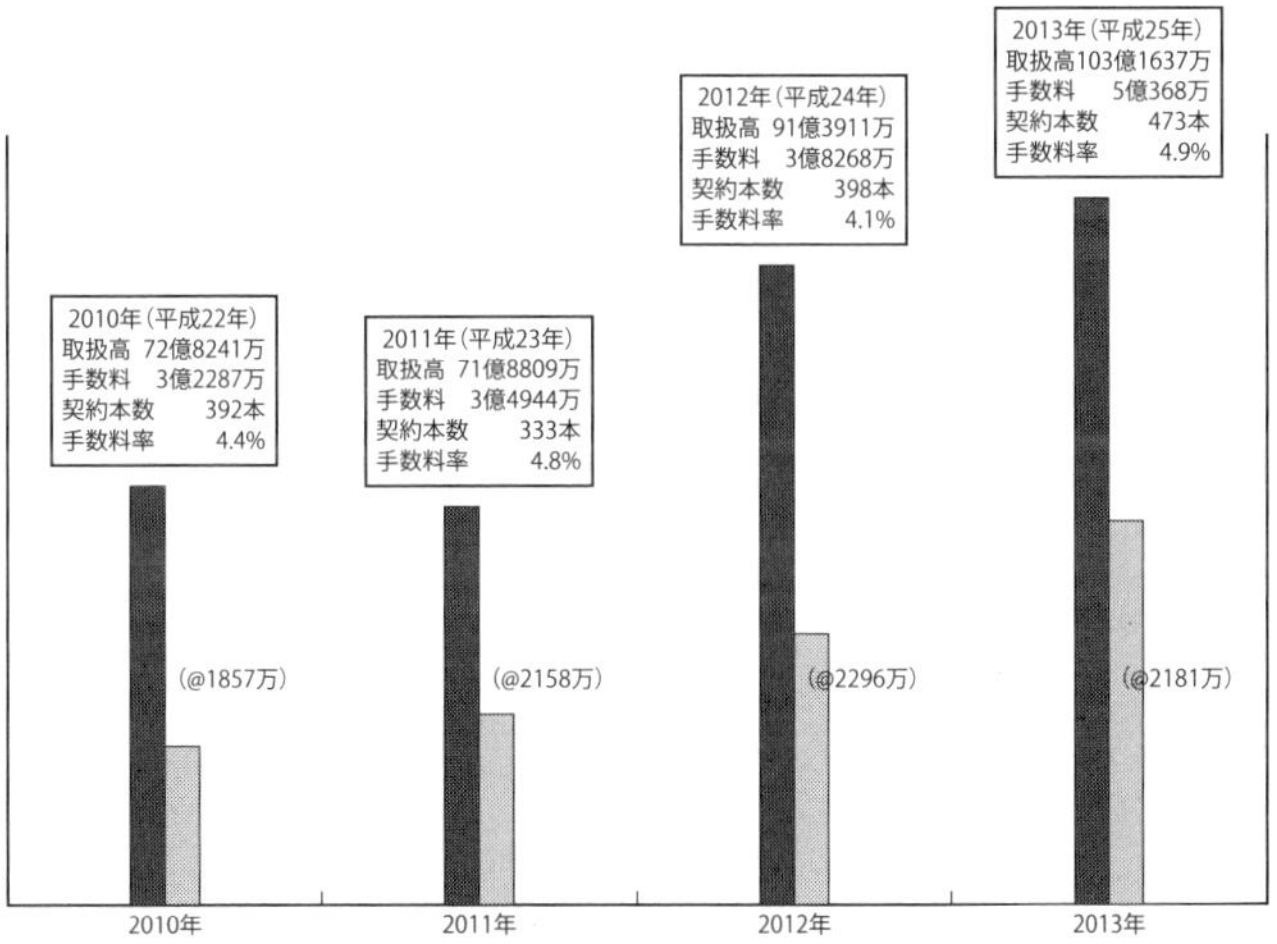

なる。価格帯別では５０００万円～１億円の新築木造アパートが合計44本と最も多い。つまり、23区内所在の５０００万円～１億円の新築木造アパートを最も多くご購入いただいたわけだ。

23区内の１棟ものというと高いというイメージを持つ人もいるかもしれないが、５０００万円以下の新築不動産も４本あり、より需要が見込める都内の新築１棟ものアパートでも、５０００万円以下で購入できるのが現在の不動産市況なのである。これが３～４年前だと、購入物件の大多数は千葉や埼玉の所在で、都内は３割程度を占めるにすぎなかった。リーマンショック以降に急激に価格が下がった不動産市況と、価格下落によって一層強まった都心居住ニーズの高まりがうかがえる。

件数的には最も取扱いの多い区分所有のワンルームマンションになると、実に全体の80％に当たる285件は23区内の物件を購入していただいている。CFネッツでは、投資家のみなさまにご購入いただく物件の理解や、物件の善し悪しの判断をするための目を養ってもらうためにほぼ毎週末にフィールドワークセミナー（物件見学ツアー）を行っているが、現在、ワンルームマンションの場合は、山手線内側の都心でツアーが完結してしまうことがほとんどである。都心部以外は横浜ぐらいで、やはり3～4年前はそれなりの数を占めた千葉や埼玉のワンルームはほとんど扱うことがなくなったのが現実だ。

ちなみに、人口減少局面に入った地方都市の不動産の中には、大都市物件では見られないような高利回り物件を見かけることが少なくない。リターン（利回り）が高いということは、リスクも高いということの裏返しである。地方都市不動産のすべてが投資不適格というわけではないが、より慎重な投資分析が求められる。

では不動産の買い時ってあるのでしょうか？
今って買いどきなの？
融資向き
銀行
融資引き締める・貸し渋る
自己資金比率低くなる
投資家
自己資金比率高まる
価格UP
物件価格
安くなる
不動産は金融機関の貸し出し意欲に左右されます
銀行
太日本銀行
新日本銀行
銀行
山銀行
景気がよくなると金融機関が投資家に対する融資に積極的になるため　投資家に自己資金が少なくても不動産投資がしやすくなります
当然　この場合不動産価格は上昇していきます
一方　景気が悪くなれば投資家に対して貸し出し意欲が減退し　引き締めが起こります
不動産価格は下がりはじめます

④ 不動産の買い時の判断の仕方

(1) 今って買い時？

そもそも、今って不動産の買い時なのだろうか？

不動産投資に適したタイミングなのだろうか？

ここでは、「景気が良い上向きの時期」と「景気が悪い下向きの時期」それぞれの投資環境を比べてみよう。

まず、我々投資家がお付き合いしなければならない金融機関の融資スタンスの違いである。「景気が良い上向きの時期」の金融機関は、当然、融資に積極的なポジションを取る。景気が良いのだから、貸したお金の貸し倒れの懸念は少ないし、市中に出回るお金は潤沢にある。つまり、投資家に貸し出すための原資には困らず、誰かにお金を借りてもらって利子を得る絶好のタイミングなのである。逆に、景気が悪くなって下向きになると、今度は融資の引締めに入る。貸したお金が返ってこないと困るので、投資家が融資を申し込んでも首を縦に振らない「貸し渋り」、さらに、以前貸したお金を取り立てるといった「貸しはがし」に動く金融機関も出てくる。これらは、常に並存する関係であり、あのバブル経済の真っただ中では、景気が上昇すると金融機関も融資を積極的に行う環境をつくり、逆にバブル経済を崩壊させた原因の中に総量規制によって融資条件を厳しい状態にして景気の後退を意図的に作り出し、インフレーションを抑制させた例を見ればわかるとおりである。

最近では、リーマンショック直後に起きた金融機関の貸し渋りと貸しはがしが記憶に新しい。それまで不動産市場にじゃぶじゃぶお金を流し込んでいた金融機関が世界的な金融危機を境に、一斉にお金を引き上げたことで不動産市場はパニックに陥り、物件価格は急落し、倒産する不動産会社が相次いだ。

金融機関が融資に積極ポジションを取る景気が良い時期は、投資家にとっては資金調達がしやすい時期であり、少ない自己資金で不動産投資を行うことができるタイミングだ。現在は、ほぼなくなったが、かつての景気上昇期には100%ローンで物件を購入できるフルローン、物件価格以上のお金を借りることができるオーバーローンが当たり前のように行われていた。自己資金の比率が低くても物件購入ができるレバレッジを効かせた投資が多くなり、投資家は、投資資金の回収効率が向上するから、次々に不動産投資を進めることができた。

一方、金融機関が融資を渋る景気の後退局面では、新規に投資する人はより多くの自己資金を用意しなければ投資ができない。かつて金融機関借入金に100%頼ったレバレッジの効いた投資を行った投資家の台所は、景気後退局面入りで今度は逆回転を始める。ローンの支払いをしようにも景気悪化で下落した家賃収入では足りず、物件を売却して手仕舞いにしようにも、売却価格も下落し、多額にのぼるローンの残債に届かないから手仕舞いもできない。景気拡大期から一気に後退局面入りすると、不動産市場には売るに売れない塩漬け物件があふれるのだ。

不動産価格は、景気の良い拡大期には上昇して、景気後退期には下落する。景気の良い時期は金融機関が融資に積極的で、投資家は物件を買いやすい時期なのだが、ライバルが多く、不動産価格の上昇も進むため、妙味のある不動産にはなかなか巡りあうことができない。一方、すでに不動産を所有している投資家にとっては、価格上昇のタイミングを見計らいながら、物件を売却して投資利益を確定するチャンスだ。多くの投資家が「さらに値上がりする前に」と物件購入を急いでいるので、価格競り上がりによって予想以上のキャピタルゲインを得ることが可能になるかもしれない。

これに対して、景気後退による不動産価格の下落局面は、すでに不動産を所有する投資家にとっては含み損を抱え込むことにもなりかねない厳しい時代だが、これから不動産投資を始めようという人にとっては「これ以上価格は下がらない」底値さえ見誤らなければ、優良物件を安く買うことのできる絶好のチャンスとなる。ただ、前述のように金融機関は融資に消極的なので、自己資金を多く用意できることが条件だ。逆に言えば、自己資金を多く用意できる投資家にとっては、景気後退期はライバルの少ない投資の絶好のタイミングとも言える。底値近くで不動産を購入することができれば、比較的短期間のうちに売却によるキャピタルゲインを狙える可能性が大いに高まるのである。

すでに不動産を所有している投資家にとっても、不動産を売らなければ含み損は含み損のままとどまり、実際の損失として確定しないのが不動産投資のメリットだということはすでに述べたとおりだ。景気後退によって家賃収入が少し下がったとしても、持ち続けることができれば、価格下落はそれほど気にすることはないのがインカムゲイン中心の不動産投資の良さなのだ。

(2) 回復→拡大→供給過剰→不況のサイクルを読む

では、現在の投資環境をどう読めばいいのか？

ここでは、不動産市況にはサイクル（周期）があり、市場は拡人と縮小を必ず繰り返すという事実を確認しよう。

次ページのグラフ⑥は、サイクルを描いて変化する不動産市場の４つの段階を示している。左下の回復期は、過剰な供給によって増えた空室が需要の高まりを背景に徐々に減り始める時期であり、新築をはじめとした人気物件の在庫解消が時間とともに進む時期である。

そうすると、不動産市場は回復期から左上の拡大期に入る。新築物件にとどまらず空室が大幅に減少し、市場では供給が旺盛な需要に追い付かない物件不足の状態が顕著になる。投資家にとっては資金調達がしやすく不動産購入のチャンスだが、ライバルが多く、不動産価格も上昇するため、より慎重な物件選定（投資分析・市場分析）が必要な時期だということは先ほど述べたとおりである。

しかし、市場の拡大はいつまでも続かない。不動産は儲かると考えて市場に参入してくる投資家や不動産会社が増え、需要を大きく上回る供給ボリュームによって需給バランスが崩れるのである。これが、市場拡大期の次に訪れる右上の供給過剰期だ。建物が完成しても入居者がなかなか決まらない賃貸物件がいつの間にか増え、不動産市場では、次第に空室が目立つようになる。

そして、不動産市場は右下の不況期に突入する。不動産の供給は、投資家や不動産会社が土地を買って建物を企画・設計し、建設工事を経て完成するまで、規模にもよるものの1〜2年の期間がかかる。つまり、実際は市場拡大期のピークは過ぎているにもかかわらず、それに気付かず計画した新築物件が、不況期に入って完成を迎えるというタイムラグが発生するわけだ。一度手を付けた建設計画は、ほとんどの場合ストップすることはできない。市場ではすでに空

グラフ⑥　不動産市場・周期の４つの段階

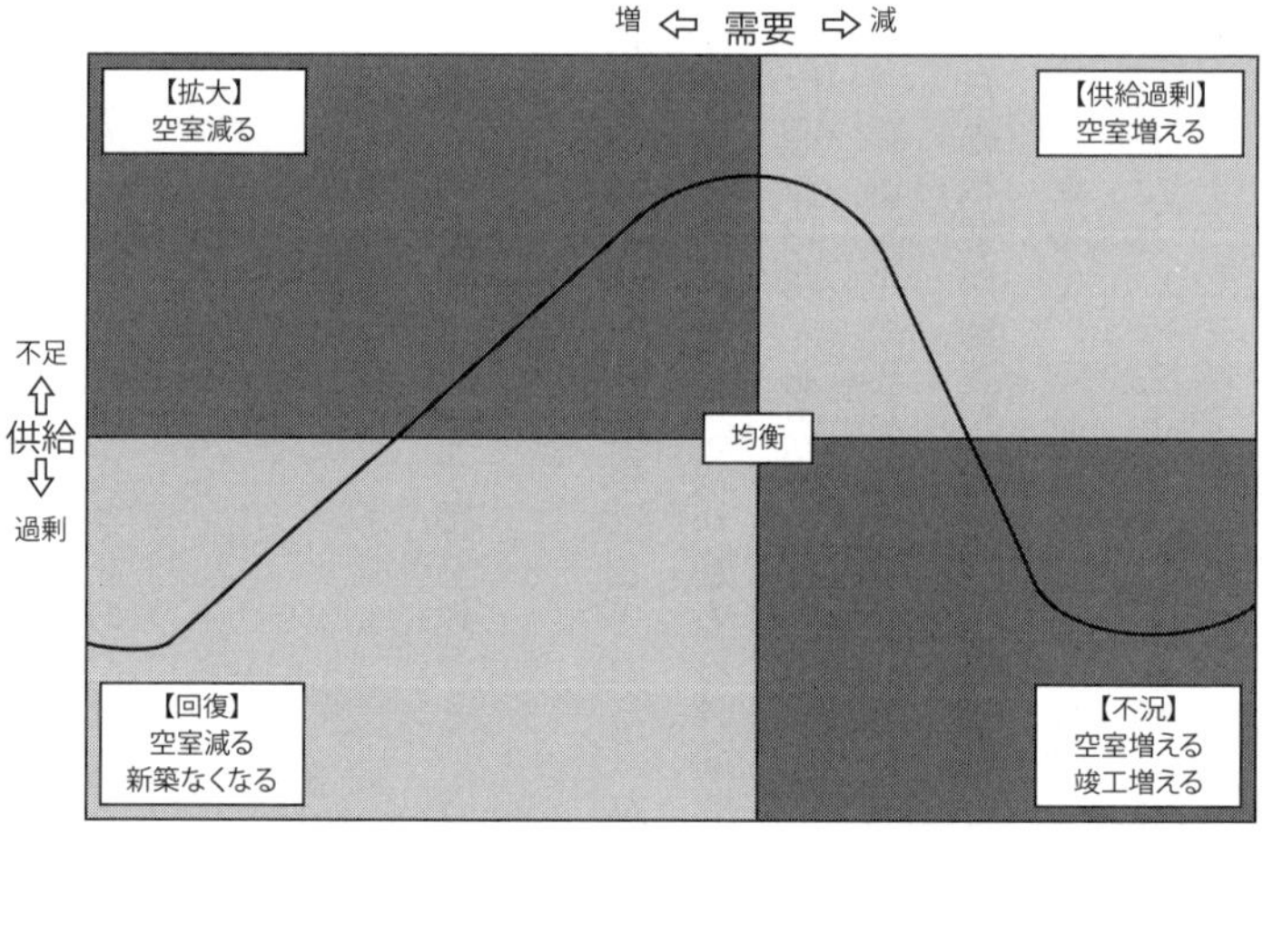

室があふれているのに、さらに供給が増えるという悪循環に陥るのが不況期だ。

不況期が何年か続くと、さすがに供給も減少して需給バランスが持ち直し始め、再び不動産市場は左下の回復期に入る。日本にとどまらず、先進国の不動産市場は、ほぼすべてが、こうしたサイクルを描いて拡大期と不況期を繰り返している。

現在の日本をこのサイクルに当てはめると、リーマンショック直後の不況期から、その後の回復期を経て、いよいよ拡大期に突入したと見てよさそうだ。アベノミクスによる大胆な金融緩和と積極財政によって、一時は冬の時代を迎えた金融機関の不動産融資も積極姿勢に舵を切った。国土交通省が発表する2014年の公示地価（2014年1月1日時点）は、三大都市圏の住宅地・商業地がリーマンショック前の2008年以来、6年ぶりにそろって上昇。東京圏では、東京都の住宅地が1.4％、商業地が2.3％上昇するなど、1都3県すべてが上昇に転じた。

ただ、不動産市場は拡大期にあるとはいえ、現在が放物線のどの地点にあるかはわからない。グラフ⑥左下の回復期から左上の拡大期に入ったばかりなのか、そろそろ放物線頂上のピークを迎えようとしているのか、あるいはすでにピークは過ぎ、供給過剰期に入りかけているのかもしれない。

幸いなことは、2020年の東京オリンピック開催決定によって、不動産市場に大きな影響を与える都市開発が少なくとも2020年まで切れ目なく続きそうなことだ。2014年の公示地価も、晴海選手村近くの中央区勝どきなどが高い上昇率を示すなど、不動産価格はすでに東京オリンピック開催を織り込んで推移し始めている。
不動産市場のサイクルを見誤らず、買い時と売り時を慎重に見極めたい。

第3編

何から始める不動産投資？

① 投資を決定する3つの要因

不動産投資を始めるに際しては、図表①のようにに投資のスタートとゴールを決めなければならない。スタートの決定とは、自分の貯蓄のうち、近い将来支出が決まっている子どもの教育費や、病気などの万が一の備えを除いた余剰資金のうち、いくらを不動産投資に回わせるのかという自己資金（＝エクイティ）の額を確定すること。そして、自分は不動産投資によっていくらの収入が必要なのかというキャッシュフローの確定がゴールの決定になる。あとはこのスタートからゴールまでを、どんな時間軸で行うのかという設定も必要だ。いくら自己資金を投資するのか、いくらの収入が必要か、その目標を何年後に達成すればいいのか。この3つが定まって、

図表①　目標設定を定めよう！

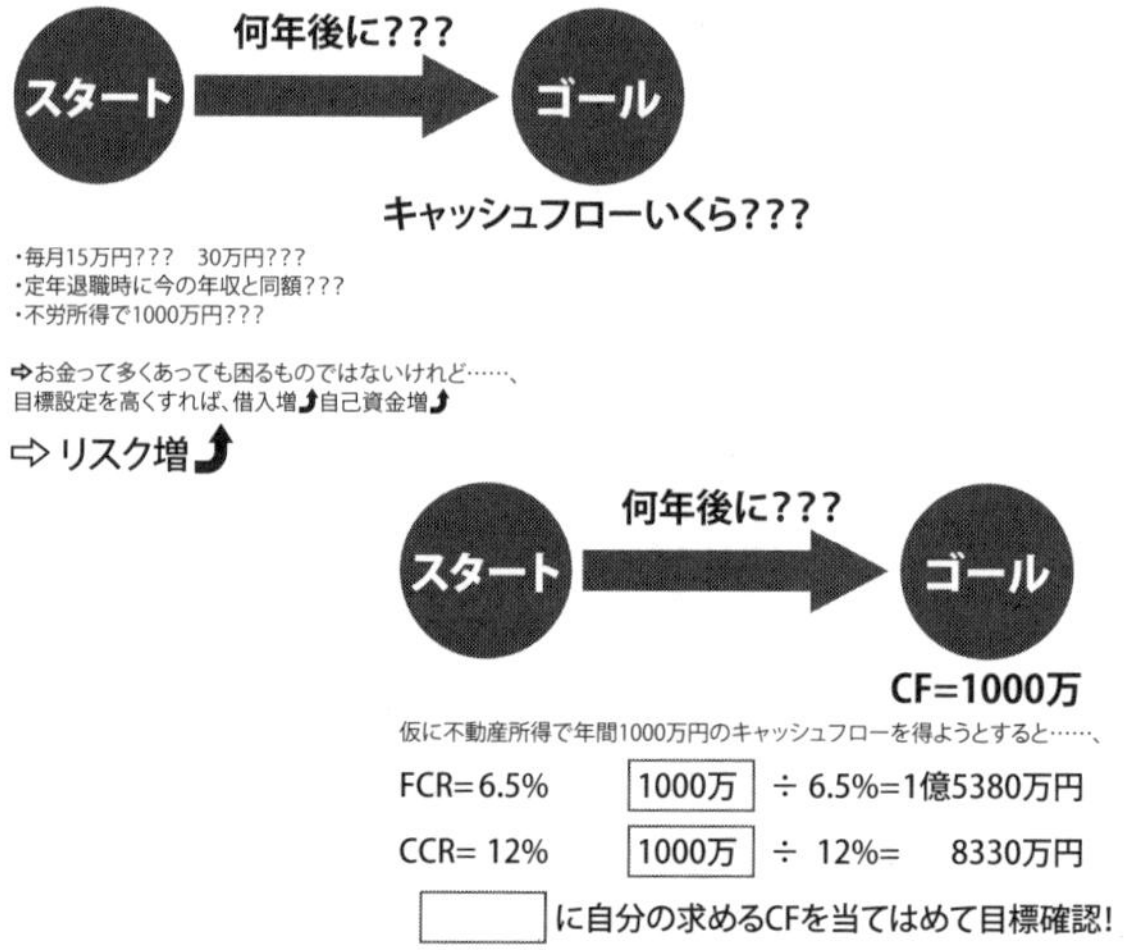

何年後に???
スタート
ゴール
キャッシュフローいくら???
・毎月15万円???　30万円???
・定年退職時に今の年収と同額???
・不労所得で1000万円???
⇨お金って多くあっても困るものではないけれど……、
目標設定を高くすれば、借入増⤴自己資金増⤴
⇨ リスク増⤴
何年後に???
スタート
ゴール
CF=1000万
仮に不動産所得で年間1000万円のキャッシュフローを得ようとすると……、
FCR=6.5%　1000万 ÷ 6.5%=1億5380万円
CCR= 12%　1000万 ÷ 12%=　8330万円
に自分の求めるCFを当てはめて目標確認！

初めて不動産投資における目標設定が始まる。

スタートの設定は、その人のライフスタイルや現在の収入、さらに家族構成など投資家の条件によって異なるし、不動産投資を始めようと思った個人ごとの目標によっても当然異なる。人によっては毎月15万円あるいは、その倍の30万円が必要だという場合もあるだろうし、定年退職後に現在の年収と同じだけの収入を維持したいという目標で不動産投資を始める人もいる。また不労所得でざっくりと年間１０００万円の収入が欲しいという人もいるだろう。

ただし、目標設定を高くすれば高くするほど、必要となる自己資金も増えるし、金融機関からの借入金も増えるため、リスクも増すという投資の大原則は忘れないでもらいたい。自分は年間１０００万円のキャッシュフローが欲しいと思って不動産投資をスタートする人は、年間３００万円のキャッシュフローでいいという人に比べて、スタート時に用意しなければならない自己資金が多くなるし、年間３００万円のキャッシュフローでいいという人と同じ額の自己資金しか用意できないとすれば、より多くの額を金融機関から借り入れる必要が出てくる。登らなければならない山をあまり高くし過ぎると、それだけ遭難や滑落の可能性も高まるのである。

ただ、不動産投資の場合、時間軸が長ければ、自己資金が少なくても多くのキャッシュフローを得るまでに成長させることも可能だ。例えば、当社の代表の倉橋は、20代から不動産投資を始め、３００万円の自己資金で40歳の時に5億円を超える資産をもち、家賃収入３０００万円程度まで買い続けることができている。彼の場合、60歳の時点ですべてのローンの完済が終わる。

不動産投資を行う上で必要な3つの要因で方針が変わってきます
投資を決定する3つの要因
START
いくらを投資に回すのか？（E）
GOAL
いくらの収入が必要か？（CF）
何年後に達成すればいいか？（N）
まやは将来どの時点で賃料収入を得たい？
30年後の定年後に年間360万円の収入は欲しいわね
でも 子供ができればその子の学費などを考えると 20年後かな
ネット利回りが7％とすれば 5200万円のマンションがあればいいのか……
5200万円！
不動産投資はその家賃でローンの返済をするから難しくはないと思う
不動産投資の場合団体信用生命保険に入っておけばボクに万一のことがあっても保険金で賄えるんだ
団体信用生命保険
ローンを支払わなくても家賃は入ってくるわけ？

② 不動産投資の第一歩～目標設定から投資する物件を割り出す

(1)「FCR」と「CCR」の2つの利回り

さて、この設定したゴール＝目標達成を元に、どういった投資をすれば目標が実現できるのかを把握するための投資理論上の数式が以下である。

(a)FCR＝6.5％の場合　→　1000万円÷6.5％＝1億5380万円
(b)CCR＝12％の場合　→　1000万円÷12％＝8330万円

不動産投資理論は別稿で詳述するので、それを参考にしてもらいたい。ここでは自分が設定した投資のゴール＝目標設定を実現するには、いくらの不動産を買えばいいのかということをざっくり判断する目安としてこの数式を利用してもらえればいい。

(a)で示した「FCR」とは「フリー・アンド・クリア・リターン」といって、ネット収入を投資にかかる総コストで割って算出する。簡単に言ってしまうと、仮に全額現金で不動産を購入する場合の利回りであり、実質の利回り、物件の実際の収益力を示す。ここでは、設定した収入の目標を達成するために、全部でいくらかかるのかを算出する指標だと考えてもらえればいい。

これに対して、(b)の「CCR」は「キャッシュ・オン・キャッシュ・リターン」の略で、年間キャッシュフローを自己資金で割って算出する自己資金の利回り。例えば、1億円の不動産を購入するのに、9000万円はローンを利用して、残り1000万円だけ自己資金を投じる場合に、その投じた自己資金1000万円に対する利回りである。(b)の数式はローンを利用する場合、いくら自己資金を入れればいいのかを示している。

投資理論というと難しそうだし、数式は苦手という人もいるだろう。ここでは、現金の利回りFCRの指標である(a)は1000万円の年間キャッシュフローを得るには前記の計算式のとおり1億5380万円分の収益不動産を購入すればよいことになる。また、自己資金の利回りCCRの指標である(b)の場合は、自己資金を8330万円用意すれば年間1000万円のキャッシュフローが手に入る投資と考えてもらえばわかりやすい。

なお、話は少しそれるが、不動産投資にとって重要なポイントである「不動産投資はすべてネット利回りで考える」という大原則をここで強調しておこう。

不動産物件のチラシや様々な広告にはよく「表面利回り10%」といった表示が見受けられる。表面利回りとは、年間に想定される満額賃料（年間収入）を単純に物件購入価格で割り戻した数値に過ぎない。例えば、購入した物件が3カ月空室になって年間9カ月分しか賃料が振り込まれなかった場合や、運営に関する費用は考慮されず、さらに物件購入に際してかかる税金や仲介手数料、リフォーム工事代金といった諸経費は一切考慮していない。

これに対して、購入しようとする不動産の潜在的総収入（＝GPI）から、予想される空室、および未回収損等の費用を考慮に入れて算出する収入から、固定資産税等や管理費・修繕積立金や管理手数料などの物件運営にかかる運営費（＝ＯＰＥＸ）を差し引いて算出するネット収入（ＮＯＩ）を、物件購入価格と購入時に必要となる諸費用とを合計した購入総コストで割り戻した数値が純粋なネット利回り（ＦＣＲ）である。いくら優良物件を購入したとしても、長い期間にわたってまったく空室が出ない不動産はあり得ないし、時間の経過とともに賃料の低下やリフォームといった追加投資が必要な場面も必ず生じる。要は、表面利回りの高さに踊らされて不動産を購入しないことであり、空室などのリスクを考慮した売上げ（賃料収入）から、実際にかかる運営費用を差し引いて残るキャッシュフローをベースに投資を考えなければならないということなのだ。

(2) いくらの不動産を買えばいいのか？

話を戻そう。(a)のＦＣＲの６.５％と、(b)のＣＣＲの12％はＣＦネッツが主に取り扱う不動産の平均的な数値（利回り相場２０１４年）である。これは東京都に隣接する神奈川、千葉、埼玉のうち、東京に通勤できる範囲の部分で、駅から徒歩10分以内のワンルームマンションの平均である。

(a)の数式は、ＦＣＲ６.５％で、仮に年間１０００万円の収入（キャッシュフロー）が欲しいという投資の目標（＝ゴール）を設定した場合、1億５３８０万円の不動産を購入すればいいということを示しているのだと先ほど述べた。もし、読者の中に明日にでも1億５３８０万円全額を現金で用意できる人がいて、FCR6・5％以上の利回りを確保できる不動産を購入すれば、あなたは明日から年間1000万円のキャッシュフローを手にすることができる。

実際、それは無理な話である。そんな現金は用意できないという人は、例えば、20年後に定年退職を迎える現在40歳の人が、その20年後に合わせて20年ローンでこの不動産を購入して、そのローンの支払いを終えることができれば、定年退職後から毎年1000万円のキャッシュフローを手にできるということだ。

これに対して(b)の数式は、ローンを利用して物件を購入する場合、8330万円分の自己資金が必要だということを意味している。8330万円分の自己資金を今すぐ用意できて、CCR12％以上の利回りを確保できる不動産を購入すれば、ローンが残っている状態でも年間1000万円のキャッシュフローを手にすることができる。しかしながら、いきなりこれだけの資金を用意できないという人であっても、例えば、100万円、200万円と少ない資金からでもコツコツと物件を買い進めて、目標とする期間に最終的に8330万円分の自己資金を投資できれば、ローンの支払いがある状態でもキャッシュフロー1000万円を達成できるのである。

まず、前記の(a)と(b)の数式中に自分の求める年間キャッシュフローを当てはめて、いくらの不動産を購入すればいいのか、または自己資金をいくら用意すればいいのかを計算してみよう。

例えば、年間300万円のキャッシュフローが欲しい人は、300万円÷6・5％＝

4615万円分の不動産を購入する必要があり（仮に区分所有のワンルームマンション1室当たり800万円の物件であればおおよそ6室）、ローンを利用するとすれば300万円÷12％＝2500万円の自己資金を用意する必要がある。もちろん、購入するエリアや物件特性、購入時の不動産市況や金融情勢をはじめとする経済状況によってFCRもCCRも違ってくるので、失敗しないためには、実際の不動産投資の詳細を詰めることのできるコンサルタントが必要である。

CFネッツに相談に訪れる方には、最初にこのシミュレーションを行いながらコンサルティングを提供する。多くの方が毎月30万円、年間360万円の目標設定をするのだが、実際に投資を始めると目標を上回るゴールを達成するケースが多いのが現実である。

③ 不動産投資の第一歩～マイホームとアパート、どちらが先？

(1) 住宅とアパートでは金融機関の融資スタンスが違う

最近は若いサラリーマンやOL、公務員でも不動産投資をしたいという人が増えている。CFネッツに相談に訪れる方も、私がこの業界に入ったころでは考えられなかったような若い投資家が大半を占めるようになった。若い方々の中には、これから住宅（マイホーム）を買おうという方も少なくない。そうした方々には、不動産投資を始めるに際して、投資の目標設定と同時に、マイホーム購入が先か、不動産投資が先かという優先順位も併せて考えてもらうようにしている。なぜならマイホームを購入するに際して利用する住宅ローンと、不動産投資用の、いわゆるアパートローンとでは、金融機関の融資スタンスが大きく異なるため、この順番を間違えると、結果的にマイホームが買えなくなったり、不動産投資に必要なアパートローンが組めなくなる可能性があるからだ。

それぞれのローンに対する金融機関の融資スタンスを確認しよう。

まず、住宅ローン。

これはサラリーマンや公務員の場合、前年度の給与所得額によって、借入れの可否や借入額などの条件といった評価が決まるのが大原則だ。さらに住宅ローンの審査には、ほかに借入れ（ローン）があるかどうかが大きく影響する。また、車を購入するためのカーローンや、子どもの進学のための学資ローンをはじめ、複数だったり多額だったりするカードローンやローンのリボ払いがあると、住宅ローンの審査にははっきり言ってマイナスだ。

例えば、カード会社や金融関連会社に勤める友人との付き合いや、いつも利用している店舗の店員に勧められるまま、何となく加入した5～10枚の複数のカードを財布の中に入れて持ち歩いている人は少なくないだろう。入会金無料や、一定金額を利用すれば手数料がかからないという勧誘にのって、お金がかからないならよいだろうと安易にクレジットカードを作ってしまう。しかし実際に使うカードは1～2枚。ほかのカードはまったく使っていないからお金もかからず大丈夫だと本人は安心していても、金融機関はそうは見ない。ローン機能の付いたカードは、たとえ使わなくても持っているだけで住宅ローンの審査にはマイナスに働くのだ。住宅ローン審査に際して、1~2枚を残し、残りすべてのカードの解約を求められるケースもある。

借入額が多額になるアパートローンの存在も、住宅ローンの審査には当然マイナス要因だ。確かにアパートローンという負債はあるものの、一方では購入したアパートが生み出す家賃という給与所得以上の収入があるのが不動産投資だが、こちらの収入のほうは住宅ローンの審査では見てくれない。先ほど述べたように、収入は前年度の給与所得がすべてである。逆に、不動産投資を始めると、当初3~5年くらいは確定申告上の収支は赤字になるケースが大半を占める。サラリーマンの年間収支が赤字だと、なお一層、住宅ローンは組みにくくなるので、やはりアパート投資に先駆けて住宅購入に踏み切ったほうが得策だといえるだろう。また、金融機関からのアドバイスで住宅を先に購入する選択を勧められることもある。

したがって、これから不動産投資を始めようとしている読者の中で、もし近い将来マイホームの購入も考えている人がいれば、まずマイホームの購入を優先させることをお勧めする。もちろん、その際には、単純に住宅を購入するというのではなく、将来設計を元に自らの所得にあった住宅を購入する必要があるし、金融機関とも事前に打合せをしておく必要がある。CFネッツに不動産投資の相談に訪れる方にも、マイホームの購入予定がある方には、まず「事前審査」といって、将来設計に基づいた計画を、借入れする予定の金融機関の担当者と打合せを行い、それに

不動産投資って そういうもの だったんだ
ね 意外に おもしろい ものだろ
うん
不動産投資家って 結構 地味なんだね
わたし ちょっと 誤解をしていた かもね
まやちゃん オレの奥さんに 聞かせたいよ
また その 話 スか
ところで 高橋は 変なところの ローンは ないだろうね
大丈夫ですよ この話を聞いてから キャッシングのついているカードは 全部解約しました
へぇ
不動産投資を している人は 健全な人が 多いんだよ

準じた住宅を探して、先に住宅を購入してもらうケースが多いのだ。

(2) アパートローンの審査に通るには?

一方のアパートローン。最近はそれほどでもないのだが、以前のアパートローンの審査では「住宅は持っていて当たり前」が金融機関の融資スタンスだった。例えば、安定している公務員や、年収1000万円超の上場企業などに勤める部長・課長クラスでも、社宅や官舎住まいだったり、ライフスタイルによって賃貸住まいだったりすると、融資NGのケースが少なくなかった。このあたりの金融機関の見方は最近になって変わってきてはいるのだが、基本的にはアパートローン審査では、資産であり担保力のある住宅を保有しているほうが有利になっている。

アパートローンでは住宅保有が前提だから、住宅ローンがあっても、よほど債務超過になるような金額を借りていなければ審査に問題はない。税込みの年収に対する住宅ローンの返済率が35%以内、つまり、年収に対して年間返済額(月額返済額+ボーナス返済額の年間支払額の合計)が35%以内に収まる借入れであれば問題がない。一般に、金融機関は返済率35%以内に収まる額しか住宅ローンを貸し出さないので、この条件は自然とクリアできそうだが、なかには転職やリストラによって年収が住宅ローンの借入れ当時より低下しているケースもあるので、心当たりのある人は注意したほうがいい。

アパートローンの審査では住宅は持っていて当たり前と述べたが、新築マンションの場合はちょっと事情が異なる。建ったばかりの新築でも、購入・入居と同時に中古になるのが不動産。とくに、価格に占める建物の割合が大きく、土地の割合が少ない新築マンションは、中古になった場合の評価減が一戸建住宅より大きくなることを覚悟しなければならない。5000万円で買ったピカピカの新築マンションが、わずかの間に3000万円や2500万円など、半値近くでしか評価されなくなることは決して珍しいケースではない。せっかく買った新築マンションの評価額が下がり、住宅ローンの残債を下回って債務超過と判断されると、アパートローンの審査に大きく影響する。

また、住宅ローンと違ってアパートローンの審査では、購入する投資物件や、すでに保有しているアパートが生み出す確定申告上の家賃は収入として見てくれる金融機関も少なくない。だからこそ、物件を購入して、すぐに安定した家賃収入を生み出す不動産を選ぶことが大切なのだ。

④ 不動産投資の第一歩〜投資家目線で選ぶマイホーム

マイホームと投資用不動産の購入を同時並行して検討する場合は、マイホームの購入も投資家の目線を踏まえて見るべきだということも言っておきたい。

「自分で自分に家賃を払う仕組みを作りながらマイホームを買う」

どういうことかと言えば、例えば、転勤や結婚、出産をはじめとしたライフスタイルの変化によって、将来は最初に購入した住宅を賃貸に回し、新しい住宅を買い増す可能性は大いにあり得る。また売却して新しい住宅を買うという買替えを選択するケースもあるだろう。

売却せずに賃貸に出す場合を考えると、これまでマイホームだった住宅が、家賃収入を生み出す投資用不動産に変身するわけだ。こうした場合、住宅ローンを借りた金融機関のスタンスや各種の条件にもよるものの、その居住しなくなった理由が結婚や転勤などの正当な理由があって、金融機関が認めてくれれば、アパートローン等より条件がいい住宅ローンの金利コストで不動産運用ができるケースがある。必ずしもすべての金融機関が了承してくれるわけではないが、自分が住むためのマイホームの購入に際しても、「この住宅はいくらで貸せるのか、いくらで売却できるのか」という投資家目線の基準を判断材料のひとつに加えることが重要だ。要は購入価格と、人に貸した場合（人に売った場合）の収入とのバランスを考えるべきなのである。

例えば、住宅を目的として中古のマンションを購入する場合、まずは大家である自分の通帳を作る。そして２０００万円の物件を２０００万円の住宅ローンを利用して購入したとする。この借入れを金利１.２％で30年返済とすると、月額返済は約6万６２００円である。また購入したマンションの管理費・修繕積立金の総計が1万５０００円だとすると、月額のコストは、８万１２００円である。そして、このマンションを通常に賃貸で10万円で貸せるとすれば、1万８８００円の利益となるから、大家さんである自分の銀行口座に、借主としての自分が毎月10万円を支払い続ければ、その口座には年間22万５６００円のキャッシュフローが生まれる。そして、さらに、10年間住み続けると225万6000円が貯まるばかりか、住宅ローンの元金返済額は約588万円にもなるのである。つまり、購入したマンションの価格が一定だとすると800万円を超える資産が形成されたことになるのだ。

では、首都圏での投資家目線で選ぶマイホーム（住宅）の具体的な相場観を解説しよう。

図表②は家族3～4人で住む場合を想定した、住宅種類別の平均居住費である。家族3～4人が賃貸住宅に住む場合は、3DK以上の間取りと駐車場が必要だ。そうすると、平均的な家賃9～12万円に、駐車場の賃料2～3万円を加えた合計10～15万円を毎月負担しなければならない。最近の都心暮らしでは車を持たないライフスタイルを選択する人も多くなっているが、大都市でも都心からちょっと距離のある近郊では

図表②　平均居住費？（一般世帯家族３～４人構成）（単位：円）

・賃貸＝3DK以上＋駐車場

家賃

（9万～12万）＋（駐車場2万～3万）＝10万～15万

・分譲マンション3000万～4000万購入

住宅ローン

（8万～11万）＋（管理・修2万～3万）＋（駐車場2万～3万）＝10万～15万

・一戸建て4000万～5000万購入

住宅ローン

（11万～14.5万）＋（駐車場0）＝11万～15万

※貸せる賃料＞ローン＋（管・修）

車が必要だし、車がなくても生活可能な都心暮らしを選択すれば平均的な家賃が9〜12万円の範囲に収まらないので、いずれにしてもこれくらいの負担は生じることになる。

分譲マンションを購入する場合は、家族3〜4人向けの60〜80㎡程度の中古物件を流通市場で購入するケースを想定した。中古の分譲マンションは家賃を負担する必要はないが、住宅ローンを支払わなければならない。そうすると、平均的な価格3000〜4000万円を全額借入れによって賄うと想定して、毎月支払う住宅ローンが8〜11万円。これに分譲マンションにかかる管理費＋修繕積立金の負担に、駐車場の賃料を加えて毎月の負担は10〜15万円という結果が出る。

戸建住宅は駐車場の負担がなくて済むものの、東京圏だと5000万円前後はするので、やはり毎月の支払いは11〜15万円必要になる。この試算からわかるのは、「買う？　借りる？」や「マンション？　戸建？」のいずれの住まいを選ぶにしても、毎月10〜15万円の居住費が平均的にかかるということだ。

投資家目線でマイホームを購入する場合は、自分が払える家賃の枠内に住宅ローンが収まる金額の住宅を買うことが重要であり、できれば住宅ローンの支払額に管理費＋修繕積立金を加えた毎月の居住費以上の額で貸せる住宅を選べればもっといい。3DKの平均的な賃貸住宅の賃料は9〜12万円。これ以下のローン＋管理費で収まる住宅をマイホームとして購入すると、人に貸した場合に毎月支払わなければならないローン＋管理費を家賃収入によって充当できるだけでなく、余ったお金を貯蓄に回すことができる。

自分が住むためのマイホーム探しは、好みや他人の目を気にして本人収入の実力以上の背伸びをした物件をチョイスしてしまいがちだが、万が一、人に貸せば収入になって金融機関の返済が賄える、あるいは売却する場合は中古市場での評価額がローン残債を上回る、つまり収益力と資産価値のある物件を選ぶべきなのである。

実は最近の若い住宅購入者は、この住宅を貸した場合は、いくら賃料が取れるのかを判断基準のひとつに加えて、マイホーム選びをするケースが多くなっている。気に入った立地やデザイン、自分ならではの好みをマイホームに求めるのは当然だが、併せて投資家的視点でシビアにマイホームを見るべきなのである。

⑤ 不動産投資の第一歩～貸せる住宅の条件とは

投資家目線でのマイホーム選びは、価格と人に貸した場合の家賃収入とのバランスと同時に、賃貸市場で求められる要素も加味したバランスのよい選択を行わなければならない。

一般的に、マイホーム（住宅）とアパートでは重視する要素・内容が大きく異なる。住宅選びでは、日当たりだったり、学校の近さや病院・公共公益施設との距離、子育てに向く広い公園が近くにあるかどうかなど居住環境を重視する。主婦や子どもは日中家にいることが多いので、車の交通量が多い道路に面してないことや、深夜営業のバーやスナックといった教育上あまり好ましくない店舗が近隣にないことなども住宅選びを左右するだろう。間取りも多くの住宅購入者が重視するポイントだ。家族みんなが集まれる広いダイニングを選ぶか、あるいは家族それぞれの個室がある部屋数重視の住宅を選ぶか。キッチンは家族と対話しながら料理ができるカウンタータイプか、じっくり料理に集中できる独立タイプか。和室が必要だとすれば、開け放てば広い空間の確保ができるリビング続きの和室がよいか、来客時に対応が利くような独立型の和室がよいかなど、どれくらいの広さの和室がどこにあればいいのかなど。

ライフスタイルや趣味・嗜好、好みによって、理想とする住まいの内容が購入者それぞれで異なるのがマイホームであり、そこでは自己満足の追求が最も重視されるのである。

これに対して、アパートや賃貸マンションなどの賃貸住宅の購入では、まず前提として第三者に貸せる物件であるかどうか、貸せるとすれば賃料がいくら取れるかといった物件の収益力や、投資の効率性を最も重視した検討と選択を行う。物件に対する金融機関の評価を見ることも重要だ。評価によって借入金額や融資条件に違いが出るため、評価の良し悪しは投資の成否を左右しかねない。

住環境や駅からの距離といった立地、間取りや広さも、マイホーム（住宅）選びと同じ基準で考えないほうがいい。周辺に飲食店や店舗、住宅が立て込んだ日当たりの良くない多少騒音が気になるような居住環境だったとしても、駅から徒歩1～2分の利便性の高い立地にあるアパートであれば、十分に借り手がつくことが想定できる。極端な話、マイホームでは駅から平坦で10分前後の住環境の良いところを選ぶ人が多いのに対し、アパートであれば（特に単身者向けであれば）、仮に多少きつい坂道や階段を上ったとしても最寄り駅から徒歩５分以内でコンビニが目の前！　なんて物件のほうが好まれたりし、借り手はつくものだ。

ＣＦネッツに初めて投資相談に訪れる団塊世代の方に、こうした物件を現地案内すると、自分の住まい選びの基準に当てはめて「こんな物件に俺は住めないな」とか「こんな階段があるのか」などと驚くシーンにしばしば出くわす。マイホーム（住宅）とアパートでは、物件を購入する側の選択基準も、実際に住む居住者側の選択基準も、自ずと異なることを理解していないのである。

もちろん、マイホーム選びをする人に「人に貸せる物件を買ったほうがいい」とアドバイスするからといって、アパート選びの基準をすべてマイホーム選びにも当てはめて選択せよと言っているわけではない。夢のマイホーム選びに際して、自己満足を追求するのは当然であり、決して悪い選択基準ではない。要は、自己満足を重視する住宅と、投資効率性を重視するアパートとのバランスを重視すること。資産形成を前提とした住宅選びは、このバランスのとり方が重要だということだ。

また、こういった話をすると、マイホーム選びにしても、投資物件選びにしても、不動産選びに共通するポイントとして、新入社員の頃、先輩営業マンによく言われた言葉を思い出す。

「不動産の場合、そこそこなものがいいんだよ」

何かほかより秀でたものがあると、その反面劣る部分が必ずある。とくに住宅の場合は極端に駅に近いところであれば、幹線道路に近かったり、線路沿い・商業地域・飲み屋街に近くうるさかったり、建物同士も隣接している所が多く、日当たりの問題など、住環境や子育て環境に適さなかったりする。逆に日当たりもよく、小中学校や公園の近く、緑の多い住環境の良いところを求めると、駅から遠くなったり、通勤・通学・買い物の便が悪かったりしてしまう。

そこで、買える予算を決めたうえで、

・駅からの距離もそこそこ
・利便性もそこそこ
・日当たりや住環境もそこそこ
・ついでに値段もそこそこ

これが不動産選びのコツだと、その先輩は言っていた。

投資物件選びも、近いところがある。

一等立地で空室率も低く、駅からも近いし、買い物も便利。行政サービスも充実していて、生活環境も抜群なんていう物件は、銀座の一等地などの一握りのエリアであり、それを望んだところで売り物はないし、仮に売り物があったとしても高額であり、利回りは低い。自分の買える予算を決めて、そこそこのものを選択できればよい。特に首都圏の投資用不動産の場合、そこそこのものは早い時期で契約されてしまう。何でもそうだと思うが、完ぺきという物件などあり得ない。言い換えれば、完ぺきなものを目指して買ったとしても、買った時点では完ぺきではないのが不動産であり、住宅である。ここでもやはり大切なのはバランスということだ。

【参考】

住宅購入者のほとんどが利用するのが住宅ローン。しかし、これからマイホームを購入しようという人は、住宅ローンの基本的な融資の借入可能額がわからないという人が多い。

では、あなたは一体、いくら融資を受けられるのだろうか。

期間35年ローンの場合の借入可能額の算出の仕方は、金融機関により異なるが、審査金利を4%に想定して計算するようだ。

・年収 × 返済率35% ＝ 年間返済額
・年間返済額 ÷ 12カ月 ＝ 毎月返済額
・毎月返済額 ÷ ４４２７円 × １００ ＝ 借入限度額

まず、サラリーマンやOLの場合、源泉徴収票で税込年収を確認して、それに返済率35%を掛けて年間返済額を割り出す。この35%は、金融機関が住宅ローンを貸し出す場合に設定する年収に対する年間返済額の上限割合だ。つまり、年収が５００万円だったら、５００万円×35%＝１７５万円。年間トータルの返済額が１７５万円以内に収まる額しか融資が受けられない。

次に、年間返済額を12カ月で割って、毎月の返済上限額（＝14万５０００円）を求める。

これを金融機関の審査金利４％で期間35年の借入れの場合、１００万円当たりの返済額が月額４４２７円となるので、この返済額である４４２７円で割り、それに１００を掛けると借入限度額＝３２７５万円というのがわかる。

・５００万円×35％＝１７５万円（↑年間返済額上限）
・１７５万円÷12カ月＝14万５０００円（↑月々返済額上限）
・14万５０００円÷４４２７円×１００＝３２７５万円（↑借入限度額）

このように、住宅ローンは前年度の給与所得によって借入可能額の上限額が決まってしまう。リストラや転職などで一時的に前年度の給料が下がった場合でも、その額が基準になってしまうので注意が必要だ。

ねえ 高橋くん
結婚したら
どこに住むの？
とりあえず
貸家かな
と
そうね
住居は
大切よ
原さんは
持ち家ですよね
当然よ
私みたいに
独身女は
家を買って
おかないとね
なぜです？
なぜって 住宅ローンは
一番金利が安いし 借りやすいし
結婚したときは相手方の家に
住むといえば 金融機関も
文句は言わないでしょ
結婚したら
それを
貸家に
するの
原ちゃん
当分しない
よねえ
うるさい！
まだわから
ないでしょ！

前田さんは実家ですよね
う～
ボキ
ボキ
ぼくの場合　親が地主だからぼく自身が住宅を買うと相続の際大変なんだよ
だから家は持てない
なぜです？
不動産を相続するときの優遇措置に小規模宅地の評価減というのがあってぼくの場合、住宅を買うとこの優遇措置が受けられなくなってしまうんだ
だから家も買わないし敷地にも建てられない
まやさん自身も早く住居を買うといいかも
え？
将来は和也さんと買うつもりですけど
そうでしょうけどまやさんが自分のを買っておくのよ
2人で一緒に住むようになったらまやさんの物件は賃貸にすればいいのよ

第4編

金融機関の移り変わり

さて　よく金融機関は
晴れの日に傘を貸して
雨の日に傘を取り上げる
……といいますね
これからの
話は
その
事実に
近いもの
です
ある時　当社で
某金融機関の行員向け
研修をしました
では　当社の
キャッシュ
フローシートを
埋めてもらう
作業をして
もらいます
サッ
購入価格が1億2000万円
諸経費が別表で計算した
1505万5000円
ローンの借入れを1億円
20年返済　金利は2.75%
とします
キュ

カタ
カタ
総潜在収入というのはその物件の稼働率を100%としたときの賃料収入です
この物件の場合80万円 空室5% とすると 実効総収入は1026万円になります
売り値のキャップレートは8%とします
これらの数値を入れ込んでください

この表が答えです

不動産投資分析表(キャシュフロー分析表)

購入価格(円)	120,000,000	ローン総額	100,000,000	割引率	0.0%
+取得費用	15,055,500	返済期間(年)	20	投資基礎	35,055,500
購入総コスト	135,055,500	支払開始日			
+ローン手数料	0.0%	金利	2.75%		

キャッシュフロー分析条件							
購入後年数	1	2	3	4	5		
総潜在収入(GPI)	10,800,000	10,800,000	10,800,000	10,800,000	10,800,000	売却時分析条件	
実効総収入(EGI)	10,260,000	10,260,000	10,260,000	10,260,000	10,260,000	キャップレート	8.00%
運営費(OPEx)	550,000	550,000	550,000	550,000	550,000	売却年NOI	9,710,000
NOI	9,710,000	9,710,000	9,710,000	9,710,000	9,710,000	市場価格	121,375,000
ローン金利	2,702,295	2,596,365	2,487,485	2,375,572	2,260,543	−(売却コスト+税)	4,855,000
ローン元金	3,803,700	3,909,631	4,018,511	4,130,424	4,245,453	=売却利益	116,520,000
ADS	6,505,996	6,505,996	6,505,996	6,505,996	6,505,996	−ローン残高	79,892,281
税引き前キャッシュフロー	**3,204,004**	**3,204,004**	**3,204,004**	**3,204,004**	**3,204,004**	=正味売却収益	**36,627,719**
キャッシュフロー累計	3,204,004	6,408,009	9,612,013	12,816,017	16,020,022		52,647,740
キャッシュフローの現在価値	3,204,004	3,204,004	3,204,004	3,204,004	3,204,004		36,627,719
現在価値累計	3,204,004	6,408,009	9,612,013	12,816,017	16,020,022		52,647,740
NOIの増加率		0.00%	0.00%	0.00%	0.00%		

分析結果

初期		[illegible]	
FCR(Free-and-Clear Return)	7.19%	価値の増加(VE)円	1,375,000
K%(Loan constant)	6.51%	資本回収期間(PB)年	10.941
CCR%(Cash-on-cash return)	9.14%	正味現在価値(NPV)円	17,592,240
レバレッジ	+	内部収益率(IRR)%	18.42%
LTV(Loan To Value Ratio)	83.33%	割引率=IRRの時のNPV(円)	(9,404,749)
DCR(Debt Coverage Ratio)	1.49		
BER(Break-Even Rate)	65.33%		

<モーゲイジエクイティー分析>

[illegible]

= 6.94%

運営費の比率	5.09%
総潜在収入の増加率	0.00%
初年度の空室率	5.00%
空室率の増加率	0.00%
運営費の増加率	0.00%

K%ローン定数
ここで重要なのは K%（ローンコンスタント）とCCR　FCRです
6.51%
貸し出すお金を回収するには金利と元金になりますので20年返済で貸し出された資金は投資家からみると6.51%です
当然　この利率より高い運用でないとキャッシュフローは得られません
そして　このDCRはNOIを年間返済額で割ったものですから この数値が1.3%以上であることが必要です
というと
万一　金利上昇や空室の増加が生じたときリスク回避ができなくなります
こうして この金融機関から始まって 不動産投資の融資が拡大していったのです

それで
金融機関の
不動産に対する
融資が積極的に
なったのか
サラリーマン
大家さんが
増えたわね
ところが
金融機関の人が
キャップレートの概念を
置き去りにして
しまいました
地方の利回りのいい
物件に過剰に
融資をしたことで
オーバーローンに
なったのです
オーバーローン？
いわゆる
自己資金ゼロで
投資をすることさ
ザァァァァ
融資した物件の担保価値が下がり
だすと　その物件の維持管理に
必要な資金などの貸し出しが
抑えられ　破たんする投資家が増えます
すると
金融機関は
ますます
融資を
絞ります
それが
傘の話
なのね
現在は
再び
融資が
増えているよ

① 路線価と築年数で価格が決まる「積算評価（物件）主義」

不動産投資を行ううえでは金融機関のローンが欠かせない。

前述したように、不動産投資ではアパートローンをいかに取り付けるか、つまり、購入しようとする物件に対して金融機関はどんな評価をして、いくら貸してくれるのかを事前につかんでおくことが非常に重要になる。不動産投資を始める前に、まずアパートローンに対する金融機関の基本的なスタンスを知っておきたい。

あの強烈なバブル経済時はさておき、不動産投資ミニバブルといわれた2005年（平成17年）頃までの金融機関のアパート融資は、融資しようとする不動産にどれだけ担保力があるのかだけを見て物件を評価する、完全な「物件担保主義」だった。融資そのものの可否や、いくら貸し出すかの評価は物件の評価次第。そこには、後に述べる収益還元法の考え方や、投資家個人の属性といったものは、ほとんど入り込む余地がなかったといっていい。

当時の物件評価はどうなっていたかといえば、土地の形状や前面道路の幅員等で若干の増減はあるものの、対象となる不動産の前面道路の路線価から割り出した土地価格に、ＲＣ（鉄筋コンクリート）や木造、軽量鉄骨や建物の構造と築年数（減価償却期間から建物完成後の経過年数を引いた建物残存期間）に、延べ床面積を掛けて算出した建物価格を足したもの、一般的に「積算評価」と呼ばれる評価額がすべてだった。つまり、空室があろうがなかろうが、路線価による土地価格と「この構造と築年数で、この面積の建物だったらいくら」で導き出した建物価格から不動産全体の評価を割り出してしまえば、あとは当たり前のように融資承認が出ていた。

しかも、この頃までは、評価した不動産価格の全額を貸し出すフルローンや100%ローンだけでなく、評価額以上にお金を貸してくれるオーバーローンが大手都市銀行でも珍しくなかった。投資家個人も年収500万円程度あれば、おおむね良好とされていた。

では物件主義（積算評価）による不動産評価を具体例で見てみよう。

図表③はCFネッツの顧客が当時検討した横浜市内のアパートである。平成4年築の軽量鉄骨造りで、土地面積319㎡、建物面積200

図表③　物件主義（担保主義・評価主義）

不動産概要

物件名		トミハウス	種類	アパート
所在地	住居表示	横浜市港南区上永谷4丁目15－29		
	地番	横浜市港南区上永谷四丁目5055番4、5		
	交通	市営地下鉄ブルーライン　上永谷　駅　徒歩15分		
土地	地目	山林	現況地目	宅地
	公簿面積	319 ㎡（　96.49 坪）		
	実測面積	㎡（　0 坪）		
	セットバック部分	㎡（　0 坪）		
	権利	所有権		
	現況	建付地		
建物	構造	軽量鉄骨造スレート葺2階建		
	床面積	合計　200.00 ㎡（　60.50 坪）		
	築年月日	平成4年4月	用途	共同住宅
	現況	賃貸中	施工会社	積水ハウス
道路	幅員	北側　幅員 約4m		
公法制限	区域区分	市街化区域	日影規制	1.5m 3h-2h
	用途地域	第一種低層住居専用地域	防火指定	なし
	建ぺい率	50%	容積率	100%
	高度地区	第1種高度地区	敷地最低	125㎡
	その他	[illegible]		
価格		4,400万円		
条件	引渡時期	相談	引渡時期	
その他		・月額賃料収入：325,000円（駐車場料金込み） ・年額賃料収入：3,900,000円（駐車場料金込み） ・表面利回り：8.86% ・路線価 平成22年度　135,000円／㎡（446,280円／坪） ・現況 満室稼働中		

物件価格4400万円
土地：319㎡　建物：200㎡
平成4年築・軽量鉄骨

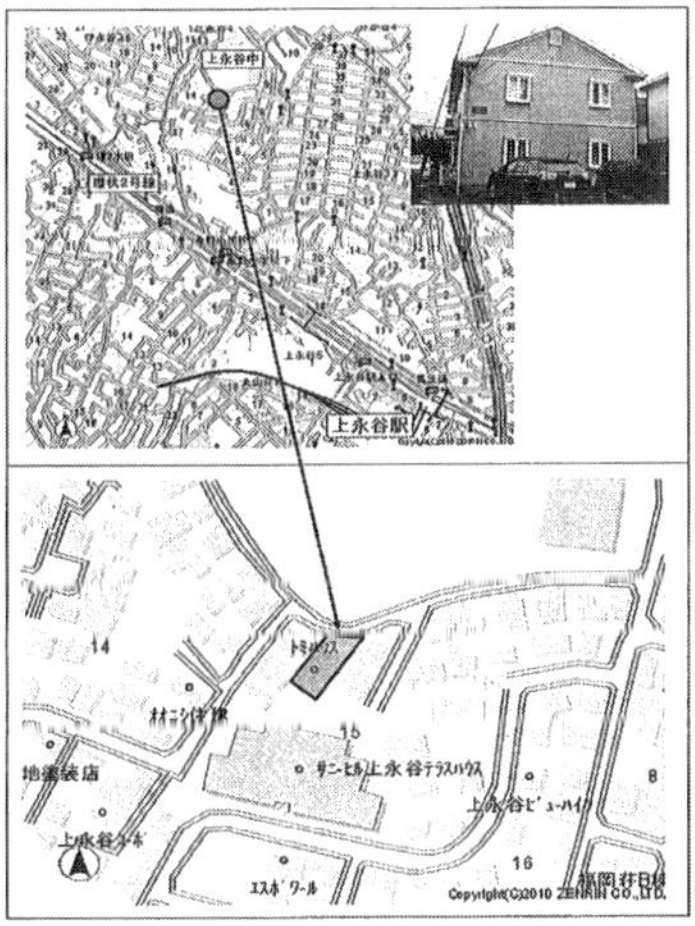

㎡、売出し価格４４００万円の物件だった。土地価格は路線価で評価する。路線価図はインターネットで誰でも見ることができるので、自宅周辺などを検索してみてほしい。このアパートの前面道路の路線価は１㎡当たり13・５万円だから、

土地３１９㎡×路線価13・５万円＝土地価格４３０６万円

土地評価だけでアパート購入金額にほぼ近い額の融資が出ることになる。これに建物評価が加わる。骨格材の肉薄３㎜以下の軽量鉄骨造の法定減価償却期間は19年なので、平成４年築の完成から18年経過したこのアパートの建物価格は、

軽量鉄骨建物単価17万６８４６円×〔（19年－18年）×19年〕×２００㎡＝１８６万円

つまり、

土地価格４３０６万円＋建物価格１８６万円＝不動産評価４４９２万円

金融機関の評価は４４９２万円だから、売出し価格が４４００万円のこのアパートは全額ローンで購入することができる。

当時は、土地価格と建物価格だけを評価する物件担保主義だったから、東京か地方か、駅前か郊外かといった不動産の立地もそれほど影響しない。事実、当時は地方物件に積極的に融資する金融機関も多く、今考えれば「破壊的融資」というか、金融機関にとっては「自虐的融資」といわれてもしょうがないような状況だった。とくに地方の、前面道路の路線価の高い幹線道路沿いに建つ、築17年以内のＲＣ（鉄筋コンクリート）造（ＲＣ造の法定対応年数47年に対し、最大借

入期間の30年ローンが組めることから）の賃貸マンションのケースだと、路線価も建物の残存価値も高く、高い積算評価額が算出できることから、簡単に高額のフルローンが出てしまう。実際には賃貸住宅としては立地環境が良くないために客足は悪く、稼働率はよくて80％や70％止まりの物件でも融資の取り付けができた。結果的に、日常的に空室が20～30％あり、固定運営コストは一定で、空室が出るたびに補修費、修繕費が重くのしかかるのだから、投資家はすぐにローンの支払いが滞るようになり、結果的に自己破産に追い込まれる人も少なからずいたのである。

② 不動産の〝稼ぎ〟で不動産価格が決まる「収益還元」

(1) 利回りの相場「キャップレート」とは

こうした物件担保主義による金融機関の過剰貸付けにより、金融機関側が資金回収不能になるケースが見受けられ、まず、土地価格と建物価格の単純合算による評価に代わって登場したのが「収益還元評価」。対象となる不動産がどれだけ賃料を稼ぐ力があるのかという収益力で物件を評価する考え方が次第に取り入れられるようになっていったのである。

収益還元を元に不動産価格を評価する数式は次のとおりだ。

V（不動産価値）＝I（ネット収入）÷R（キャップレート）

この数式は、不動産価格は、その物件が稼ぐネット収入をキャップレートで割って算出するということを示している。ネット収入とは、賃料収入から空室リスクや運営費を差し引いて求める不動産の現実的な収益力であると前に述べた。

キャップレートとは、その不動産が立地するエリアで積み上げられてきた取引実績などを元に算出された利回りの尺度を判断する指標だ。ごく簡単に言ってしまえば、そのエリアで通常取引されるであろう利回りの相場である。不動産価格や賃料にはエリアによって相場があることはあなたもご承知のとおり。東京銀座の4丁目や5丁目の土地なら1坪当たり1億円くらい。横浜市の標準的な住宅地だったら70～100万円。千葉市だったら50～80万円位が現在の相場だろう。住宅の賃料も東京都心の広めのワンルームだったら、10万円を超すが、一般的な物件であれば5～7万円程度が相場だ。これと同じように、利回りの相場を示すのがキャップレートなのだ。

例えば、ネット収入が100万円だったとして、キャップレートが8％だと物件価格は100万円÷0.08＝1250万円。ネット収入は同じ100万円で、キャップレートが12％なら100万円÷0.12＝833万円。つまり、キャップレートは低ければ低いほど、その不動産の価値は高いといえる。

不動産投資の初心者はキャップレートが高いほど優良物件だと勘違いしてしまいがちだが、キャップレートが高いということは、それだけリスクの高い物件であり、高い利回りが期待できなければ怖くて購入できないということを示している。

現在のキャップレートは東京銀座や表参道で2～4％程度。これに対して、札幌では12～18％程度。不動産投資初心者のあなたも、銀座や表参道の不動産と、地方の不動産では、どちらが安全な不動産投資ができるかは何となくわかると思う。日本を代表する人気商業地である銀座や表参道は、より投資のリスクが低いから4％の利回りでも取引が成立する。空室リスクが高い地方都市では、15％の利回りをつけても、売れなければさらに利回りを高くつけ、そこで成約になった利回りが、そのエリアのキャップレートということになる。

ちなみに、金融機関やプロの不動産投資家は、それぞれ独自に査定したキャップレートを持っている。相場である以上、だいたい一定の範疇に収まるものの、立地エリアをはじめ、物件の構造種別、住宅かオフィス、商業物件かといった物件属性に対する評価や、不動産投資全体に対する強気・弱気のスタンスによって、その数値は微妙に異なる。これは常に一定ではなく、地域のトピックスや需給バランスによって、日々変化しているのである。

(2) 投資家の属性が融資判断のポイントに

さて、収益還元評価が定着し、金融機関のアパートローン審査もようやく賃料と稼働率（空室率）を視野に入れるようになってきた。

では、先ほどの横浜市のアパートを収益還元で評価するとどうなるか。年間家賃収入は390万円、金融機関の評価したキャップレートは8％である。すると、

390万円÷0.08＝4875万円

収益還元でも売値の4400万円以上の評価が出る。つまり、物件の評価手法は物件主義から収益還元に切り替わったが、当初はオーバーローンこそなくなったものの、依然としてフルローンが主流として残り、投資家自身の年収も500万円程度あれば、住宅ローンは組み難い個人事業主であれ自営業であれ、職業はそれほど問題なくアパートローンを組めて、投資物件を購入することができたのである。

2005年くらいまでは前記のようであったが、現在は異なる。物件評価として積算評価と収益還元評価のどちらも見るものの、投資家個人がどれくらい自己資金を用意できるのか、年収はいくらか、どんな職場・会社に勤めているのか、勤続年数は何年かといった個人属性を融資の審査基準に大きく加えるようになった。

フルローンが当たり前だった融資額も徐々に下がり、現在では評価額が極端に低くなければ、逆に物件価格以上の評価が出たとしても、基本的には物件価格の90％程度の融資が上限になっている。物件価格が1億円とすれば、融資額は9000万円がマックスだ。併せて、物件価格の10〜20％、購入諸費用を含めると20〜30％の自己資金を求めるようになっている。

不動産投資に対する金融機関の融資・審査スタンスは大きく変わった。では、このような金融機関の融資スタンスである現在は、どんな不動産投資ができるのかを次に見てみよう。

第5編

今できる不動産投資

①　どの不動産カテゴリーを購入するのか

不動産投資の投資対象は、大きく分けると次の3つになる。

①　RC造（鉄筋コンクリート）1棟マンション
②　鉄骨、あるいは木造アパート
③　区分所有（ワンルーム）マンション

もちろん、ほかに商業店舗やオフィスといったカテゴリーがないわけではないが、購入金額や金融機関の評価の問題（アパートローンの特性）、さらに、購入後の運営にそれなりのノウハウが伴うため、不動産投資初心者は、レジデンシャル（住宅）系であるこの3つのカテゴリーからチョイスするのが賢明だ。

CFネッツでも取扱物件のほとんどは、この3つのいずれかであり、投資用不動産を扱うほかの不動産会社もこの3カテゴリーに集約している。

では、不動産投資を始める場合、どのカテゴリーの物件を購入してスタートすればよいのだろうか。賢い不動産投資の始め方は、あるのだろうか。結論からいえば、どのカテゴリーから始めても構わない。好みの不動産でOKだ。ただし、前述したように金融機関のアパートローンに対する融資スタンスの関係から、投資家個人の年収と用意できる自己資金の額で、自ずとスタートできるカテゴリーが決まってしまうのが現実なのである。
まず、それぞれ物件の特徴を見てみよう。

前田さんは アパートいくつ 持ってるんです？
オレ かい？
自宅の周りに 40室くらい かな
40室！
前田さんは 地主の息子 だものね
アパート経営は 大変だよ
入居者のゴミ出しとか 共用部の管理とかさ
外装工事などでは 税引きのお金で 修繕するんだ
その点 ぼくのようなワンルーム マンションの区分所有者の場合 修繕積立金があるから 管理組合が 維持管理をしてくれて そうした 煩わしさはないね
その費用は 全部経費に なるからね
そういうことは 考えなかったな

(1) RC造1棟マンション

1棟マンションというと高額な大規模不動産をイメージする人がいるかもしれないが、建物規模で3～5階建て、ワンフロア当たり3～4室の総世帯数にして10～15室程度の小ぶりな賃貸マンションを想像してもらえればいい。価格は都内立地の場合で1～2億円が目安になる。

図表④では仮に物件価格が1億円として、取得に際してかかる各種の税金や仲介手数料など諸費用が約1割の1000万円。合計1億1000万円程度の投資が一般的なパターンとなる。金融機関のローンは、基本的に物件価格の9割が上限だから、ローンで調達できるのは9000万円。総投資額1億1000万円に対して、9000万円を金融機関からの融資で賄い、残り2000万円の自己資金（＝エクイティ）を用意しなければ

図表④　1. RC造1棟マンション

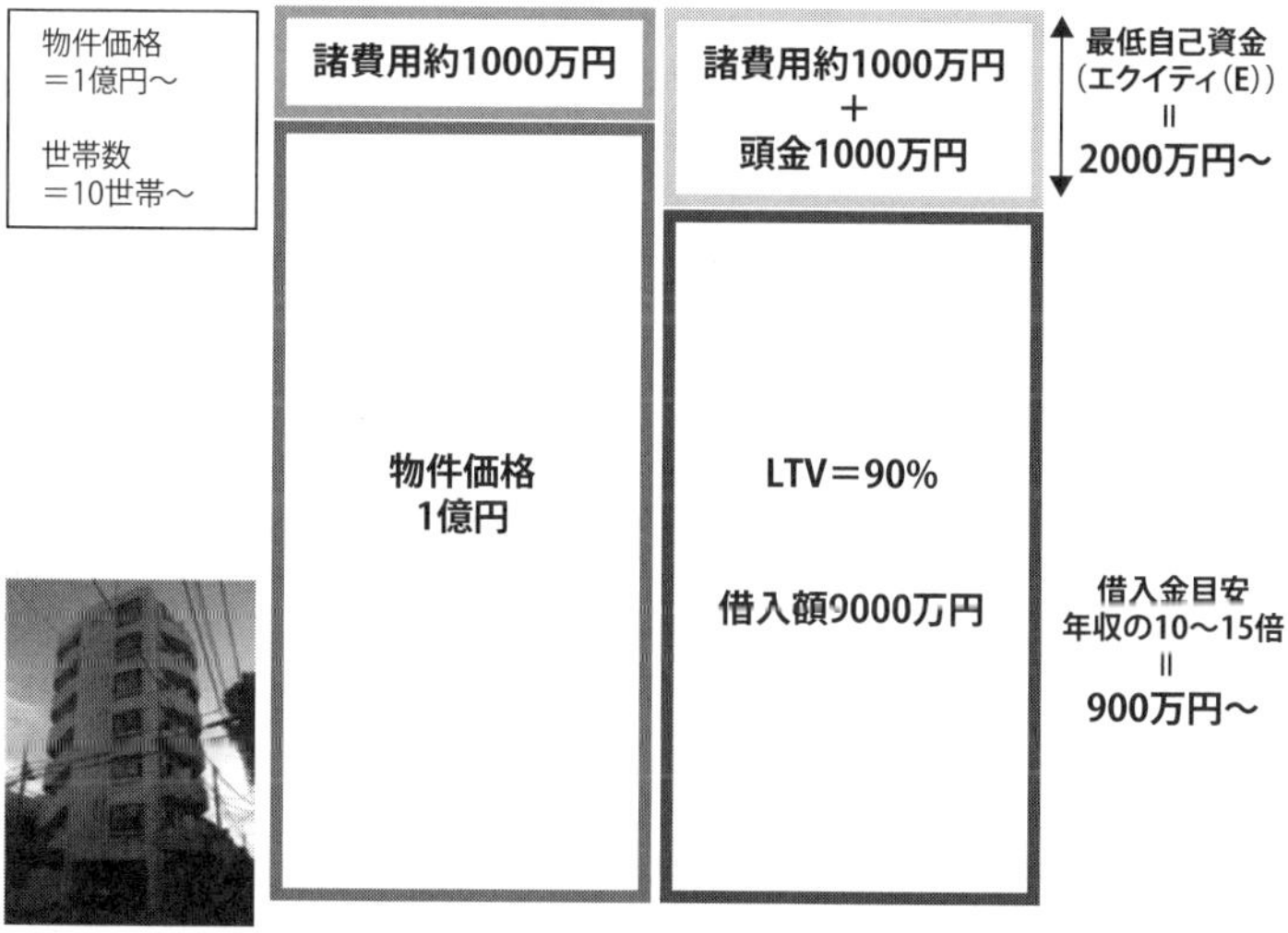

ばならない。

さらに、この９０００万円のローンを組めるのは、金融機関が求める年収基準をクリアした人に限られる。借入れできる金額の目安は、年収の10～15倍とする。９０００万円のアパートローンを金融機関から取り付けようとすれば、年収９００万円以上が必要になってくる。つまり、自己資金２０００万円が用意できて、年収９００万円以上の人でないと1棟マンションへの投資はかなり厳しい。

ちなみに、ＣＦネッツに投資相談に訪れる方の中には、９００万円以上の年収基準をクリアできる方は少なくない。1棟マンションを買おうというくらいだから、それくらいの収入のある人は結構多いのである。しかし、年収基準はクリアできても、２０００万円を超える自己資金を用意できる人は意外に多くないのである。毎月の生活費や子どもの教育費がかかる中で、自由に使える２０００万円のキャッシュを貯めるのは、そう簡単ではないようだ。

(2) 鉄骨、あるいは木造アパート

これは説明するまでもないだろう。次ページの図表⑤はワンフロア当たり3～4室の２階建て。世帯数6～8室の賃貸アパートだ。最近は都内でも５０００～８０００万円程度で新築物件が購入できるようになった。先述のＣＦネッツが２０１２年に取り扱った物件でも、このカテゴリーが意外に多かったことを思い出してほしい。では、どういった人ならアパート1棟を購

入できるのだろうか。

物件価格は5000万円としよう。諸費用は1棟賃貸マンションと同様に1割の500万円。総投資額は5500万円だ。融資額も1棟賃貸マンションと同様に物件価額のおよそ9割が上限だから、ローンで調達できるのは4500万円。したがって、まず、5500万円－4500万円＝1000万円の自己資金を用意できることが条件になる。さらに、金融機関の年収基準をクリアしなければ融資は調達できないのも1棟賃貸マンションと同じだ。借入金の目安は年収の10～15倍。したがって、4500万円の融資を取り付けるには最低450万円の年収があればよい計算だ。ところが、金融機関のアパートローンには最低年収として500万円以上を求める足切り基準を設けている金融機関が多い。自己資金1000万円

図表⑤　2. 木造アパート

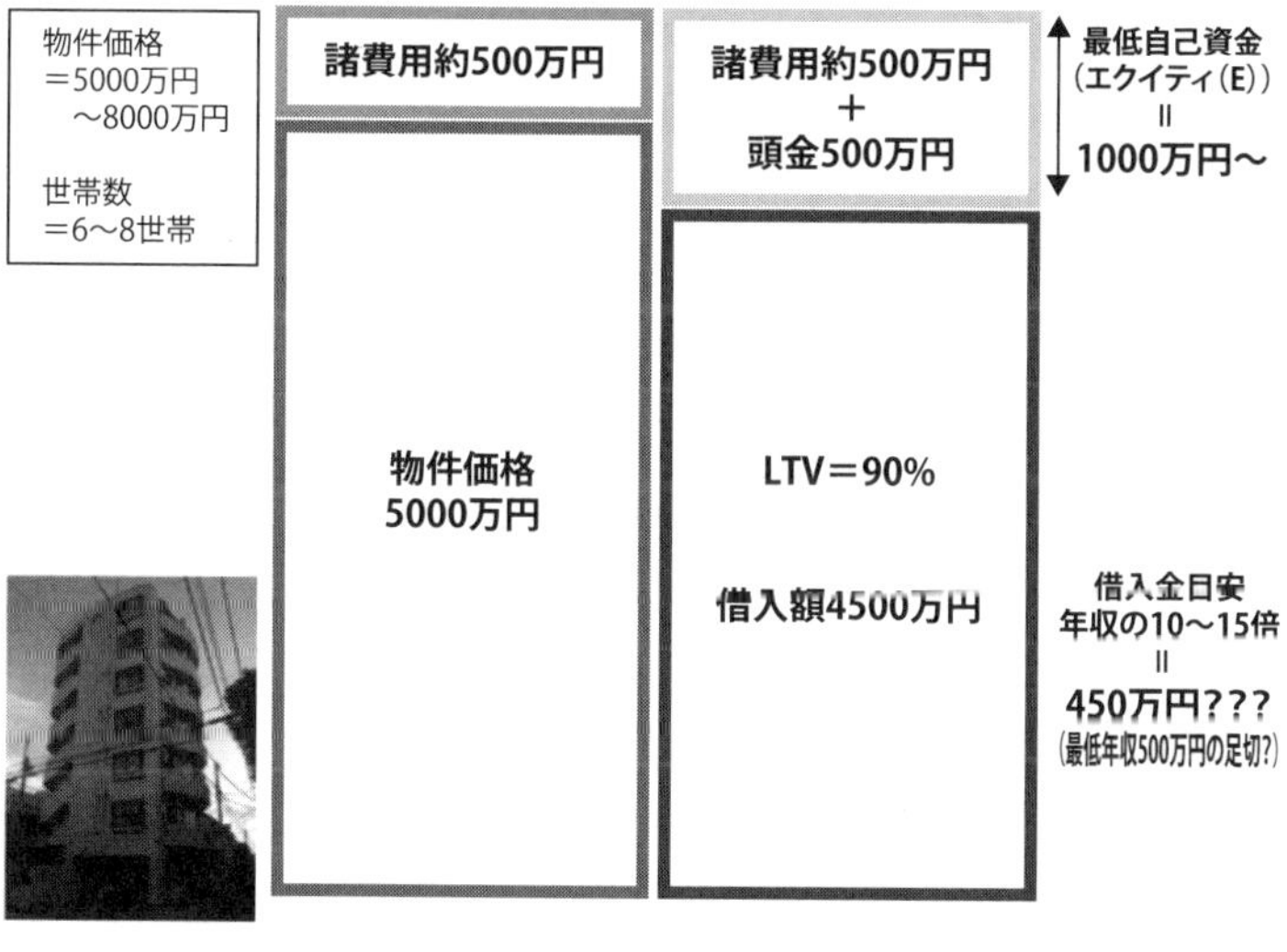

を用意できても、年収500万円以上でないと融資承認を取り付けることが難しいのがアパート投資だ。

(3) 区分所有マンション

マンションの1室を所有することを区分所有という。分譲マンションは、基本的にこの所有形態だ。1棟マンションや1棟アパートを購入した投資家は当然、土地のすべてと建物1棟丸ごとの所有権を持つ。これに対して、区分所有マンションは購入した部屋の所有権と、敷地や建物エントランスや廊下といったマンションの住民が使う共用部分の共有持分権を取得することになる。

では、図表⑥で区分所有マンションの投資を、いわゆるワンルームマンションで考えてみる。

価格は都内でも700~900万円程度

図表⑥　3. 区分所有マンション

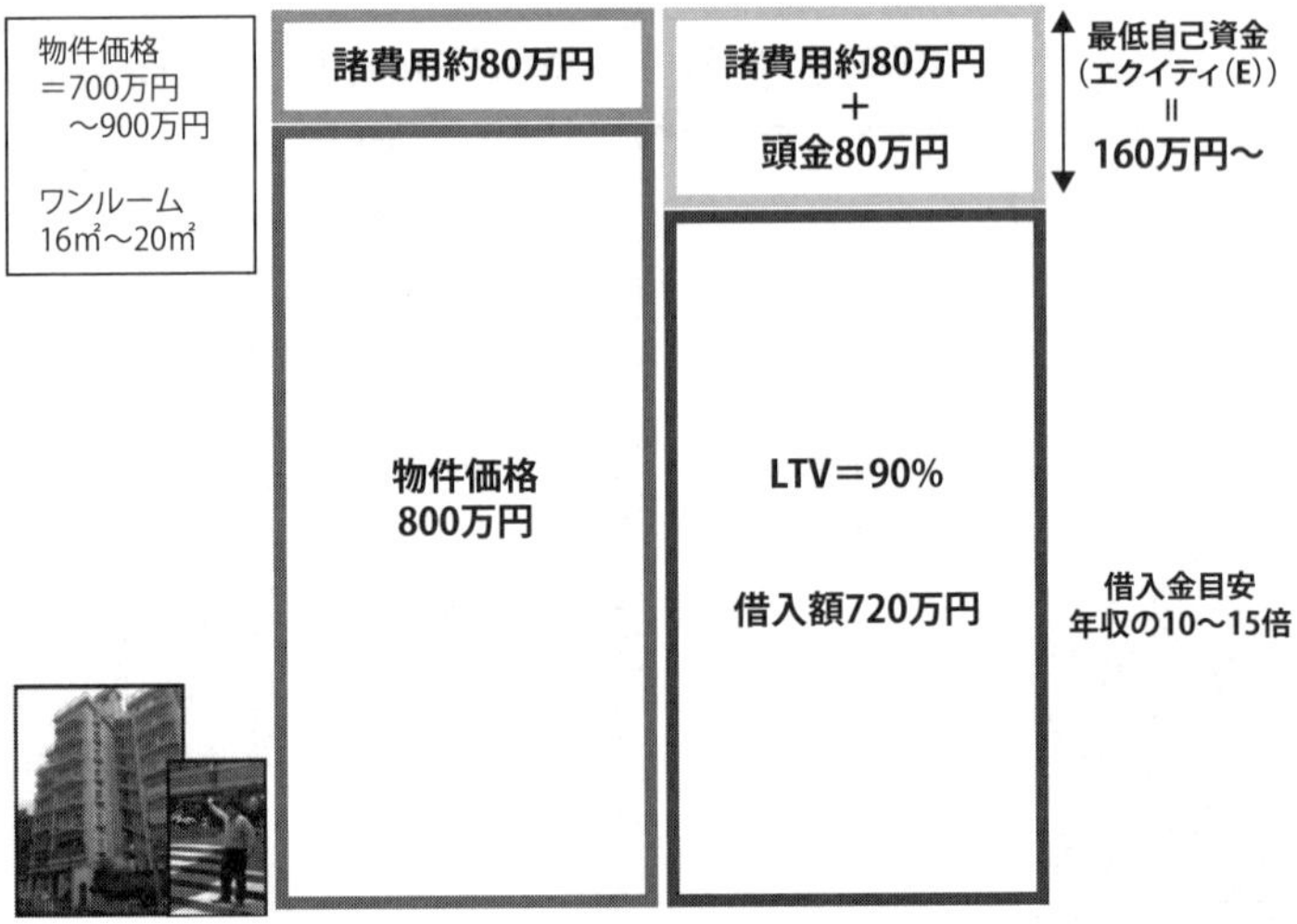

（中古ワンルームマンションの場合）。広さ（専有面積）は16～20㎡が標準になる。物件価格800万円に、1割の諸費用80万円を足して総投資額は880万円。金融機関ローンは9割融資が上限だから、720万円をローンで借り入れ、残り160万円を自己資金で用意すればいい。借入額が720万円なので、無職の人などを除けば、年収条件はほぼ全員がクリアできるだろう。

3つの投資カテゴリーの中では、最もハードルが低いことになる。

以上見てきたRC造1棟マンションと鉄骨、あるいは木造アパート、区分所有ワンルームマンションの投資に求められる条件をまとめてみる。

・RC造1棟マンションに投資できるのは⇓年収900万円超で、自己資金として2000万円を用意できる人

・鉄骨、あるいは木造アパートへの投資には⇓年収500万円超と、自己資金1000万円を用意できる人

・ワンルームマンション1室への投資には⇓160万円の自己資金を用意できる人

最初に述べたように、その人の年収と用意できる自己資金の額で、不動産投資のスタートを切ることができる物件カテゴリーが決まってしまうとは、このような金融機関の融資の条件があるからなのである。

もちろん、前記は一つの基準と考えてもらいたい。例えば、地主等のように資産背景があって、相続対策上必要となれば融資は受けられるし、事業主で他の事業収入が高く、所得税の圧縮や資

産向上目的となれば融資は受けられる。さらに、金利や借入期間についての条件等は異なる。これらについては、我々のようなコンサルタントに相談してもらえれば、一番有利な方法を選択して不動産投資に着手することができると思う。

② 1棟物件とワンルームのメリット・デメリット

1棟の賃貸マンションや賃貸アパートから不動産投資を始めるのか、区分所有ワンルームマンションから投資を始めるのか。繰り返すが、どちらから始めても構わない。用意できる自己資金と年収との兼ね合いで、とりあえずワンルームマンション1室を買ってスタートを切るか、それとも1棟物件が買える程度に自己資金が貯まるまで投資を待つかの選択になる。自己資金もそれなりに用意できて年収が多い人は、最初から1棟物件を購入してもいいし、区分所有ワンルームマンションを5室や10室買うという選択もあるだろう。

一方、1棟物件と区分所有ワンルームマンションには、それぞれ投資に際してのメリット・デメリット、あるいはそれぞれの物件に特徴的な性格がある。年収や用意できる自己資金の額によって投資先を選ぶだけでなく、それぞれが持つメリット・デメリットを理解して、自分の投資目標にはどちらがよりふさわしいのかを考えることも必要だ。

次ページの図表⑦は、1棟賃貸マンション・賃貸アパートと、区分所有ワンルームマンションのメリット・デメリットを比較したものだ。

(1) 投資スピード＝1棟当たり1億円超の賃貸マンションや、5000～8000万円くらいの賃貸アパートに投資するのと、1室当たり700～900万円の区分所有ワンルームマンションに投資するのとでは、投資規模の拡大スピードに大きな差がつくのは容易に想像できるだろう。最初から1億円超の賃貸マンション（10世帯以上）を購入すれば、それだけで事業的規模になる。

この事業的規模にまで区分所有ワンルームマンションで到達しようと思えば、最低でもコツコツと10室を購入しなければならない。しかも、一挙にワンルームマンション10室を購入できるかといえば、そう簡単にはいかない。金融機関が融資するアパートローンは、1人の投資家に対して年間貸付件数として3～5件が限度。さ

図表⑦　1棟・1Rどっちがいいの？？？　メリット・デメリット

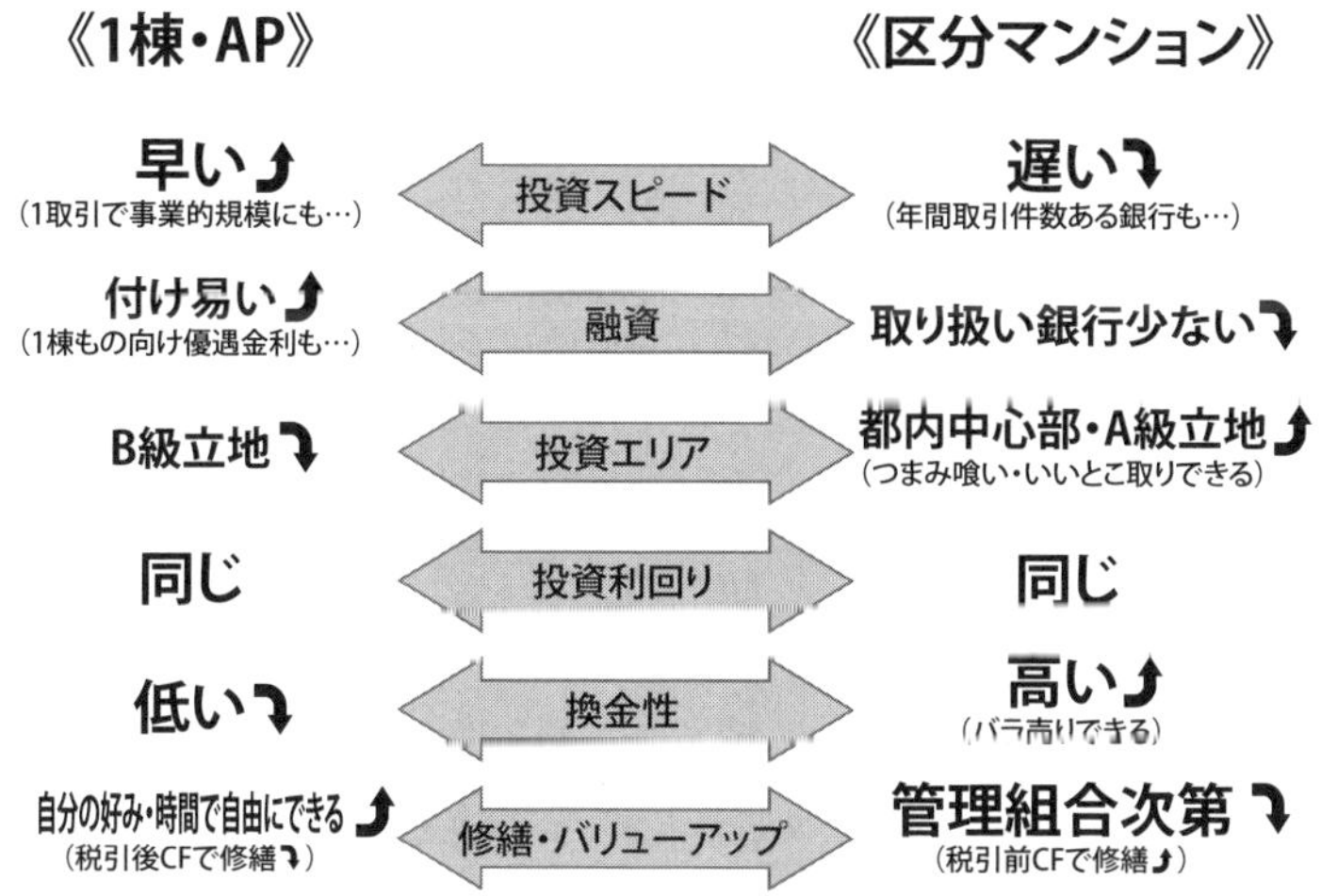

らに1棟賃貸マンションなら1回で済む売買契約やローン手続き、登記などの手続きも、複数のワンルームマンションを購入する場合は1室ずつクリアしていかなければならない。仮に、区分所有ワンルームマンションが好きで、それだけで1億円の投資規模を目指そうという人がいれば、そこに到達するまでに3～5年の投資期間が必要になると考えておいたほうがいい。

(2) 融資＝住宅ローンに比べると、投資用のアパートローンは、いずれの金融機関も融資審査が厳しいが、区分所有ワンルームマンションに比べれば1棟物件のほうが取り扱う金融機関も多く、金利優遇の適用も柔軟である。それに対して、ワンルームマンションの場合は、取り扱う金融機関そのものが少ないというデメリットがある。そもそも金融機関側から見ると、同じ1案件に取り組むのであれば、1回の手続きで多額の融資金の貸出しができる1棟もののほうが効率がよいのであろう。ワンルームマンションへの投資を考える場合は、ワンルーム融資に積極的な金融機関と日常的に取引がある不動産会社を選ぶことをお勧めする。

(3) 投資エリア＝投資エリアは区分所有ワンルームマンションに軍配が上がる。とくに最近は、徐々に価格が上昇しているとはいえ、1000万円以下の物件でも山手線内側の都内A級立地で購入できるようになった。1棟賃貸アパートも、物件価格の下落によって以前のように千葉や埼玉の郊外まで足を伸ばす必要こそなくなったが、それでも都内では人気の城南・城西での購入は難しく、城東・城北エリアの物件が投資の中心を占める。

区分所有ワンルームマンションは、立地や部屋の方位方角や階数など、つまみ食い的にいいとこ取りできるのも1棟物件にはないメリットだ。例えば、一定程度の時間はかかっても10室のワンルームマンションを購入する場合、都心志向を持つサラリーマンやOLの賃貸需要が見込める渋谷と新宿に1室ずつ、あとはやや都心から離れても学生に人気の吉祥寺や横浜、自由が丘といった物件を選んで、立地によるリスク分散を図ることができる。

区分所有ワンルームマンションは、人気の部屋に絞った投資ができるのもメリットだ。賃貸市場では両側を他の部屋に挟まれた中住戸よりも角部屋のほうが人気が高く、プライバシーが守りにくい1階よりも2階のほうが入居者には好まれる。1棟アパートの場合は、不人気の中住戸も1階住戸もまるごと1棟購入することになるが、区分所有ワンルームなら角部屋、あるいは最上階の部屋だから買い、もしくは低層階や北向きの部屋は買わないなど、人気物件に的を絞って購入物件の選り好みをすることができるという利点がある。

たまに、区分所有ワンルームは金融機関の担保にならないのでは、などという質問を受けるが、仮に全く同じ場所に隣り合って同規模の建物が建っているならば、もちろん土地・建物すべてを所有する1棟物件のほうが金融機関の担保力はある。しかし、1棟物件では購入することのできないような都心中心部のA級立地や駅前立地なら、確実に区分所有ワンルームのほうが購入でき、土地は区分所有の持分とはいえ、評価額や価格の高い場所で物件所有できるので、決して担保にならないということはない。

(4) 投資利回り＝基本的には1棟物件も、区分所有ワンルームもさほど大きな変わりはない。

利回りの格差は、1棟物件かワンルームかという物件カテゴリーよりも、立地・エリアや駅までの距離、構造、築年数、修繕・維持管理状態、外観デザインなどの物件固有の内容によって生じる。ただし、最近では、1棟物件のほうが融資は受けやすいが、建築費の上昇によって価格が上がりつつある。したがって、利回りの面で同一地域で判断すれば、区分所有のワンルームマンションのほうが高くなっている。

(5) 換金性＝前述した流動性の良し悪しを指す。当然、賃貸アパートなら5000万円程度、賃貸マンションになると1億円を超すことが多い1棟物件のほうが、区分所有ワンルームマンションより、価格が高い分だけ市場で買い手が付きにくいため、右から左へといった流動性は低い（換金性が悪い）。中心価格帯が1000万円以下の区分所有ワンルームマンションは、売り手が相場を無視した売却価格を望まない限り、売出しから1～2カ月、人気のあるエリアでは即日売却となるだろう。

複数の区分所有ワンルームマンションを持つ投資家は、バラ売りできるのもメリットだ。1棟物件ではそうはいかない。中住戸や1階住戸など入居者の客付きが悪いからといって、その部屋だけ売却することは基本的に不可能だ。これに対して、区分所有ワンルームマンションは客付きの悪い物件だけを売却して、より入居者が見込める優良物件に買い替えるなどのいわゆる「資産の入れ替え」をすることも可能になる。

(6) 修繕・バリューアップ＝1棟物件は土地・建物すべてを自分で所有しているため、自分の好みや考え方を反映したリフォームなどのバリューアップが自由にできる。実施時期も自由なので、賃料収入によって利益が出そうな場合、確定申告直前にリフォームを実施して利益を圧縮したり、翌年度の経費計上として繰り延べよう、などといった手法を取ることも容易だ。

一方の区分所有ワンルームマンションのリフォームは、マンション管理組合が定める管理規約に大きく左右される。空室対策のため、専用の壁紙を貼ってペット可物件にしようと考えても、管理規約でペット不可となっていれば、そうしたリフォームやバリューアップはできないし、区分所有マンションの玄関ドアやバルコニーは、マンション全体の共用物である共用部分に該当するため、所有者であっても勝手に交換やリフォームはできないことになっている。マンションによっては工事の内容や時間帯などに様々な制約を設けているケースも少なくなく、リノフォーム・リノベーションの自由度は1棟物件に比べるとかなり低い。

ただし、建物外壁や廊下、給排水管といった共用部分の大規模修繕は、管理組合が修繕積立金を使って行うため、部屋の所有者は大きな持出しなしに実施できる場合が多い。マンションを購入した投資家は毎月、この積立金を支払う必要があるが、実は、1棟物件では修繕積立金の経費計上が難しいが、区分所有物件の場合、売却したからといって、この積立金は売主に返ってこないから、経費として計上できるというメリットもある。反面、管理組合がなかったり、あっても組合運営がスムーズに機能していなかったり、必要な修繕を実施するだけの積立金が貯まっていないマンションだと、こうした共用部の修繕が適切に行われず、時間とともに劣化していく一方の建物や共用設備を黙って眺めるしかない場合がある。区分所有ワンルームマンションを購入する場合は、管理組合が機能しているか、次の大規模修繕はいつ頃で、それを実施するための修繕積立金は足りているかなどをチェックすることも必要だ。

③ 自己資金２００万円から始める不動産投資

(1) スタートしたら毎年買い進む

これから不動産投資を始めようという読者の中には、まずは最も手軽な区分所有ワンルームマンションをスタート台にと考えている人も多いだろう。そうした読者のために、自己資金２００万円から始めるワンルーム投資のケースを紹介しよう。

前に、ＣＦネッツが取り扱う東京や横浜エリアの標準的なＣＣＲ（自己資金の利回り）の目安は12％程度だと述べた。ここでは、もっと保守的にＣＣＲ10％のワンルームに自己資金２００万円を投資するとする。その場合の年間収益は、２００万円×ＣＣＲ10％＝キャッシュフロー20万円。

年間20万円の手取り収入が生まれる。これだけでも小遣い程度の収入にはなるものの、ワンルーム１室だけの投資だと空室になれば収入はゼロだ。つまりゼロ％か１００％かの投資にしかならず、〝虎の子〟の１室の入居者が退去してしまえば、毎月のローン支払いは全額が持出しになってしまう。こうした空室リスクを回避するためにも、あなたが不動産投資によって実現しようとするゴールまで、より早く投資規模を拡大するためにも、まずは3～4室程度まで同様のワンルームを買い進めていくことを強くお勧めする。

所有物件が3～4室に増えれば、すべての入居者が一斉に退去して、空室率100％になることはまずあり得ない。1室が空室になることはあるだろうが、空室になった物件の購入のために借り入れた金融機関のローンの支払いは、他の入居中の物件が生み出すキャッシュフローを充当すれば済むため、現金を持ち出す必要がなくなる。また、入居者が退去してしまった部屋を再募集にかけるために必要なリフォーム費用なども、同様に入居中物件が生むキャッシュフローで賄えるため、余裕を持った賃貸経営ができるのだ。

所有物件が4室に増えた場合の年間キャッシュフローは、20万円×4室＝80万円。800万円のワンルームを新たに購入する場合にかかる物件価格1割程度の諸費用分80万円は、手持ち物件のキャッシュフローの中から出てしまう。不動産を買い進むと、新たな投資がよりしやすくなるのである。

(2) 1棟アパートに資産を組み替える

このペースで年間1室ずつ買い進め、8室まで所有物件が増えたとしよう。すると、年間キャッシュフローは20万円×8室＝160万円。物件によっては、この年間キャッシュフローだけを自己資金（頭金）にして新たな1室が買い足せてしまう。10室まで増えれば年間キャッシュフローは200万円だから、ほかに現金を用意することなく、優良物件を購入できるチャンスが増すことになる。

ここまで所有物件が増えてくると、何戸かのワンルームをまとめて売却して1棟アパートなどに買い替える資産の組替えもしやすくなる。よくあるケースは、10室あるワンルームのどれか1室（X物件とする）に、ほかの物件が生み出すキャッシュフローを集めるイメージで、X物件を購入するために借り入れたローンの繰上返済を進めるのだ。つまり、X物件をローンのない物件にしてしまう。そうすると、借入金の返済を終え、きれいになったX物件は、金融機関によっては自己資金と同じ扱いの共同担保として認めてくれる。このX物件を共同担保として金融機関に差し入れるとともに、所有物件のうち3～4室を売却して頭金を作ることができれば、1棟アパートを購入することができる。

CFネッツの顧客の中でも、こうした手法で1棟アパートに資産を組み替えるワンルームオーナーも少なくない。最初は自分が用意できる自己資金の範囲のワンルーム1室から投資をスタートし、毎年買い進めることによって、数年後には1棟アパートのオーナーに成長していくのである。もちろん、ワンルームを毎年買い増し続け、その後も資産を組み替えることなく、今ではワンルーム10室、20室のオーナーになっている投資家もいる。この選択は投資家個人の好みや考え方の違いであり、どちらがいいとか悪いとかの話ではない。ただ、共通しているのは、まず、自分ができる範囲の不動産から購入を始め、その後も臆することなく、自分が設定したゴールに向かって買い増していったことだ。

さて、この投資手法には、ひとつ大きな注意点がある。賢明な読者ならうすうす感じているかもしれないが、こうした手法で資産規模を拡大するためには、毎月入ってくる家賃収入（キャッシュフロー）には一切手を付けず、次に買い増す投資物件のために全額を貯めておかなければならないということだ。毎月の家賃収入を不労所得と勘違いして、すぐに使ってしまう人は少なくない。しかし、毎月の家賃収入は次の物件を購入するための自己資金に限定しなければ、資産規模は拡大しないのだ。

毎月の家賃収入を不労所得と勘違いして使ってしまう人は、不動産投資を始めるに際してゴールを設定しなかったか、目標設定が曖昧だった可能性が高い。自分は何のために不動産投資を行うのか、老後の生活資金のためか、ハッピーリタイアのためか、教育資金をつくるためか。それさえしっかりしていれば、毎月の家賃収入を不労所得とは考えず、コツコツと積み上げていくことに何の疑問も感じないはずなのである。

④　築年数から見た狙い目物件

不動産投資を始めるには賃貸マンションやアパートの1棟物件か、区分所有ワンルームマンションかの物件カテゴリーと同時に、立地や築年数も物件選びの大きな判断材料になる。ここでは、不動産価格（購入価格）と家賃の推移を元に、狙い目と考えられる物件の築年数を考えてみたい。

(1)　築15年以降で価格も家賃も安定推移

まず、押さえなければならないのは、時間の経過による不動産価格と家賃の推移とは、ほぼ重なり合う比例関係にあるということだ。

図表⑧は完成直後の新築から、時間の経過とともに築年数を重ねて変化していく不動産価格の推移を簡略的に示している。不動産価格が最

図表⑧　価格と家賃の推移から狙い目の物件築年数

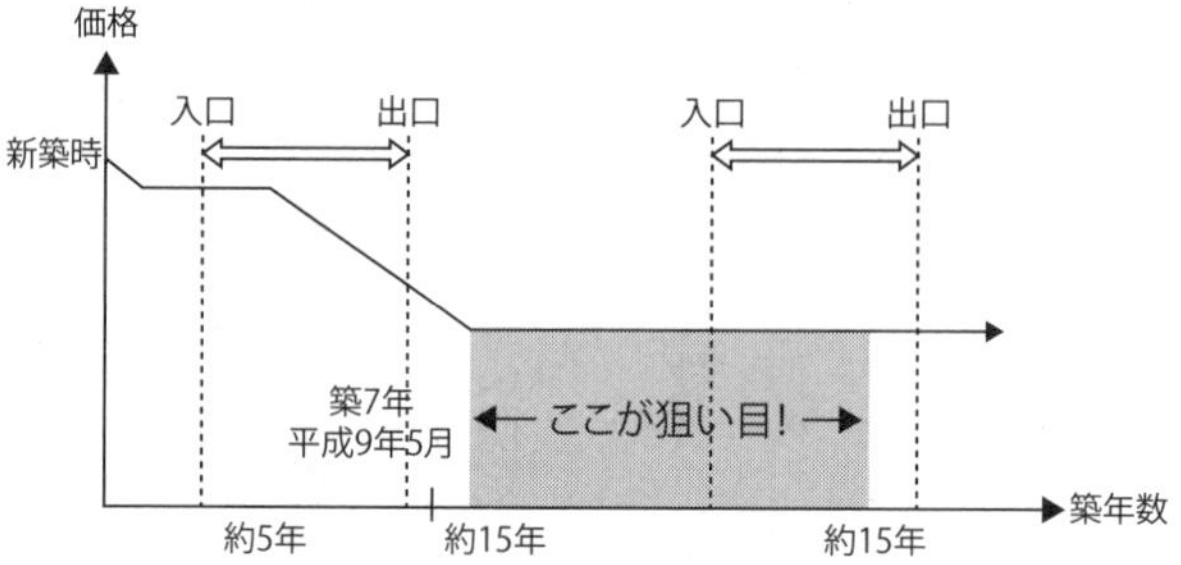

※原則、物件価格と家賃推移は比例する。
※築15年で6万円が、築30年で3万円になるか？
※築15年よりも築20年の方が高く貸せることも…（立地？内外装？設備？）
※入居者ニーズの一番の妥協点は、築年数！
※23区中心部になればなるほど旧耐震の物件多い。
※新築物件なので利回り低くてもしょうがないの？？？
※スクラップ＆ビルド⇨リノベ・コンバージョン時代へ

も高いのは新築時点だが、少しでも時間が経過すると中古市場での販売取扱いになってしまうため早くも価格は下落し、だいたい築5年ごろまでは新築価格からやや下がった水準で横ばい推移する。築5年を過ぎると価格は築15年ぐらいまで年を重ねるごとに下がり続け、15年以降からは再びほぼ横ばい推移する不動産価格のサイクルがおわかりいただけると思う。

不動産価格と家賃の推移が比例関係にあるということは、実は賃貸マンションやアパートの家賃も時間の経過とともに、これと同じ推移で動くということだ。最も家賃が高いのは新築時であり、初めの入居者が入れ替われば新築プレミアム賃料から一段階家賃が値下がりし、その後5～6年目くらいまではほぼ横ばいの家賃を取れるが、築6年前後を境に築15年前後までは入居者の退去によって新たに募集をかけるたびに家賃設定は減額を強いられる。そして15年前後を境に、家賃も不動産価格と同じように横ばいの安定推移に移行する。これが、不動産価格と家賃の典型的なサイクルである。

だとすれば、どれくらいの築年数の物件を買えば最もリスクが少ないかが、おわかりいただけると思う。築15年前後以降の物件は、不動産価格はこなれて安定推移に移行し、家賃も横ばい推移する。つまり価格（資産価値）が大きく下がる懸念が少なく、さらに、取れる家賃も急激な下落は考えにくい。最も将来が読みやすく、安定した投資ができる環境にあるということだ。

これが、新築や築後2～3年の築浅物件を購入するとどうなるだろう。新築や築浅といえば聞こえはいいが、購入した不動産の資産価値は数年で急落し、取れるはずだった家賃も入居者が入れ替わるたびに値下げしないと次が決まらず、年々キャッシュフローは減少する。図表⑧に示した「入口」「出口」は、不動産の「購入」と「売却」の時期を指す。例えば、築2～3年で購入した不動産を、7～8年後の築10年の時点で売却しようとすれば売却損が避けられない。とくに、不動産が稼ぎ出すキャッシュフローを元に物件価格が決まる収益還元評価が定着した現在の不動産市場で築浅物件を購入すると、数年後には、確実にといっていいほど売却損が生じやすい。年とともにキャッシュフローが減少するため、不動産価格の評価も自ずと徐々に目減りするのである。だからといって、新築物件を買っては損だといっているのではない。投資計画を立てる際に、その事実を織り込んで投資するということだ。当社でも、かなりの新築アパートをお世話させてもらっているが、新築プレミアム賃料は利益と考えて、通常の投資計画は築後5年以降の賃料を想定して計画している。すると、この新築プレミアム賃料分で再投資の資金の捻出ができたりするのである。

さて、築15年以降の物件は、「入口」と「出口」がほぼ水平関係にあるため、たとえ売却しても売却損が生じにくい。だいたい、築15年で家賃6万円のワンルームマンションが、築30年になったからといって、家賃は半分の3万円には下がらないのが賃貸市場なのだ。

逆に、ワンルームマンションなどの場合は築15年物件よりも、築20年超の物件のほうが高い家賃でも入居者が付くことさえある。築15年だと1回目の大規模修繕を終えて数年後のケースが多いのに対して、築20年超は2回目の大規模修繕によってエントランスや共用廊下がきれいにリフォームされたばかりだったり、エレベーターが最新機種に交換された直後だったりする場合もあるからだ。区分所有のマンションを購入する場合、大規模修繕の実績や、今後の予定は必ずチェックしたい。

(2) 都心部に多い「旧耐震」は投資不適格？

では、築15年以降の不動産ならすべて安心して購入できるかといえば、そうとは限らない。昭和56年6月に改正された建築基準法によって、56年6月以降に建築確認を受けた物件はより強度の高い新耐震基準に、56年6月以前に建築確認を受けた物件は現在の建築基準法の要件を満たさない旧耐震基準に色分けされるからだ。残念ながら、現状では金融機関の旧耐震基準に対する物件評価は厳しい。築15年以降でも、新耐震基準で建てられた昭和56年6月以降に建築確認を受けた物件を狙ったほうが、ローン審査には有利なのだ。

昭和56年完成物件の築年数は平成26年時点で33年。したがって、投資の狙い目は築15年前後から築30年前後の物件という答えを導き出すことができる。

ここで誤解しないでもらいたいのは、旧耐震基準の建物すべてが、強度に不安のある耐震性能に劣る物件ではないということだ。旧耐震基準の建物でも、新しい基準が要求する耐震性能に匹敵する強度を備えた物件は数多い。さらに、耐震強化を進める政府の政策によって、今後は耐震補強工事を実施した昭和56年以前完成の建物が増えてくることが予想されている。

不動産価格も家賃も高く、A級立地である東京23区内は、とくに都心に近付けば近付くほど昭和56年以前に建てられた旧耐震建物が多くなるのが特徴だ。昭和50年代前半や40年代に建築されたマンションが数多く残り、現在でも高値で取引されている物件は少なくない。都心部の中でもとくに希少な駅前などの優れた立地が評価されているためで、平成以降の完成物件では得難い希少立地の資産価値の高い物件に投資するという選択肢もある。

また築年数を重ねたマンションの中には、土地の持分が現在のマンションとは比較にならないほど多い物件があることに注目した投資もある。現在のマンションの土地持分は1室当たり1坪未満が主流だが、当時の物件の中には2坪も3坪も土地持分を持つ物件が存在する。こうした都心物件は容積率も高いため、将来的にマンションから商業施設やオフィスなどへの用途転換を視野に、そのマンション全体の購入を検討する大手不動産デベロッパーは多い。そうした会社に建物を取り壊して土地を売却する場合、購入価格以上で土地持分が売却できる可能性があるということだ。

築年数を経た旧耐震マンションというと、賃貸需要を心配する読者がいるかもしれない。しかし、実際に部屋探しをする入居者が挙げる条件のうち、最終的に最も妥協する割合の高い条件は築年数だったという調査データもある。逆に、入居者が最も妥協しない条件は家賃水準。当初は新築や築浅物件を希望して部屋探しをするものの、希望家賃を大きく上回る新築物件は諦めざるを得ず、希望に近い家賃なら、築年数を経ていても妥協する入居者が多いということだ。

投資物件を探し始めた当初から築年数を経た旧耐震物件を探す人は少ないだろうが、旧耐震だからといって投資の選択肢からすべて除外してしまうという判断は得策とはいえない。

(3) 新築物件の利回りは低い？

では、新築物件はどうだろうか。CFネッツに投資相談に訪れる投資家からよく聞かれるのは「新築ワンルームマンションだから利回りが低くてもしょうがない」という声だ。きっと、どこかのワンルームマンション建設会社から新築物件の購入を勧められているのだろう。彼らは新築なので入居者ニーズが高く、投資リスクが低い分だけ利回りは低いと考えているのかもしれない。

しかし、我々から言わせれば、事実はまったく逆。「新築は利回りが高くないと投資できない」がセオリーだ。図表⑧で見たように、新築当初の家賃を維持できるのは、せいぜい5〜6年止まり。それ以降は入居者が入れ替わるたびに確実に家賃は下がり、物件価格も同じように下落する。新築ワンルームマンションは、投資する前から家賃も物件価格も下落することがわかっているのだから、下落リスクを織り込んだ高い利回りでないと買えないのだ。

こうした理由から、CFネッツでは新築のワンルームマンションはほとんど扱っていない。1棟アパートは新築物件を扱っているが、投資家に紹介する場合は、先に述べたとおり、将来の家賃下落を織り込んだ投資分析を行い、投資の安全性に十分留意している。

日本はほかの先進国に比べて新築信仰が強く、住宅（マイホーム）でも投資物件でも、中古より新築を先に検討する傾向がこれまで強かった。新築物件の価値を過剰に評価し過ぎるあまり、少しでも建物が古くなるとすぐに取り壊して、新しい建物に建て替えるスクラップ&ビルドの文化に馴染んできたのである。しかし、時代はスクラップ&ビルドから、中古物件をリノベーションによってバリューアップしたり、建物の用途を変えて新しい命を吹き込むコンバージョンの時代に変化を遂げようとしている。

不動産投資の世界でも、安く買った中古物件にリノベーションなどを施すことによって収益力を引き上げる投資戦略が徐々に浸透しつつある。

そんなこと いってるけど 前田さんも 首都圏に 10室の ワンルーム マンションを もっている のですよね
ええ⁉
すげえ
すごくは ないよ これは リスク ヘッジ なんだよ
地元のアパートの管理には お金がかかる…… 例えば 外装塗り替えでも 2000万円はかかる
首都圏のマンションは 800万円から1000万円で 買ったけど 自己資金は 2割程度の15年返済だ
キャッシュフローは どうなんです？
それは 関係ない
アパートの収入があるし 金融機関から低利の融資で 借りているから 8年で 元金は半分になる

例えば　1000万円で買った物件で800万円借りたとする8年たてば元金は400万円ほどに減っている
そのときに物件が1000万円だとすれば　売却すれば600万円入るっていうわけだ
4室の物件を売却すると2000万円以上になるからアパートの修繕に充てられるというわけなんだ
なるほどね
さすがだな
だから首都圏にもワンルームを持ってるのですね
それってCFネッツの社長さんが言ってたことですね
前田さんは一棟もののマンションも持ってるのですよね？
もういいよ
えー!?
それもリスクヘッジですか？

節税対策だよ
いままでは自宅周りに
アパートを建てていたけど
これは貸家建付地の
恩恵と借入金による
債務控除で相続税評価額が
下がるだけでリスクが
高いんだ
PORT II
?
この借金は返済が
進むと債務控除は
減るし
建物が古くなると
空室が増えたり
賃料も安くなる
遊休地を利用する
建築費＝1億円
（建築評価額
7000万円）
土地の評価
借地権割合＝60%
借家権割合＝30%
貸家建付地＝18%
土地評価額＝8200万円
債務控除額＝1億円
更地評価
1億円の土地
＝5200万円の評価
持てる人も
それなりの
苦労が
あるのね
そこで　首都圏に200㎡以下の
路線価の高い物件を買って
小規模宅地の評価減を
利用するんだ

なぜ
２００㎡
以下
なのです？
この制度は
アパート・マンションの
敷地の２００㎡までの
部分が50％評価を下げて
くれるものなんだ
50％減
地元でこれを使っても
路線価は10万円／㎡で
１０００万円ほど
〇〇コーポ
ところが　都心なら
約１００万円／㎡なので
約１億円も圧縮できる
へえ
買う目的が
いろいろ
あるんですね
不動産投資は
その人によって
目的が違うから
購入する物件も
規模も違ってくる
んだよ
自分のライフ
スタイルに合わせた
投資をするべきだ
はい

第6編

金融機関選びのポイント

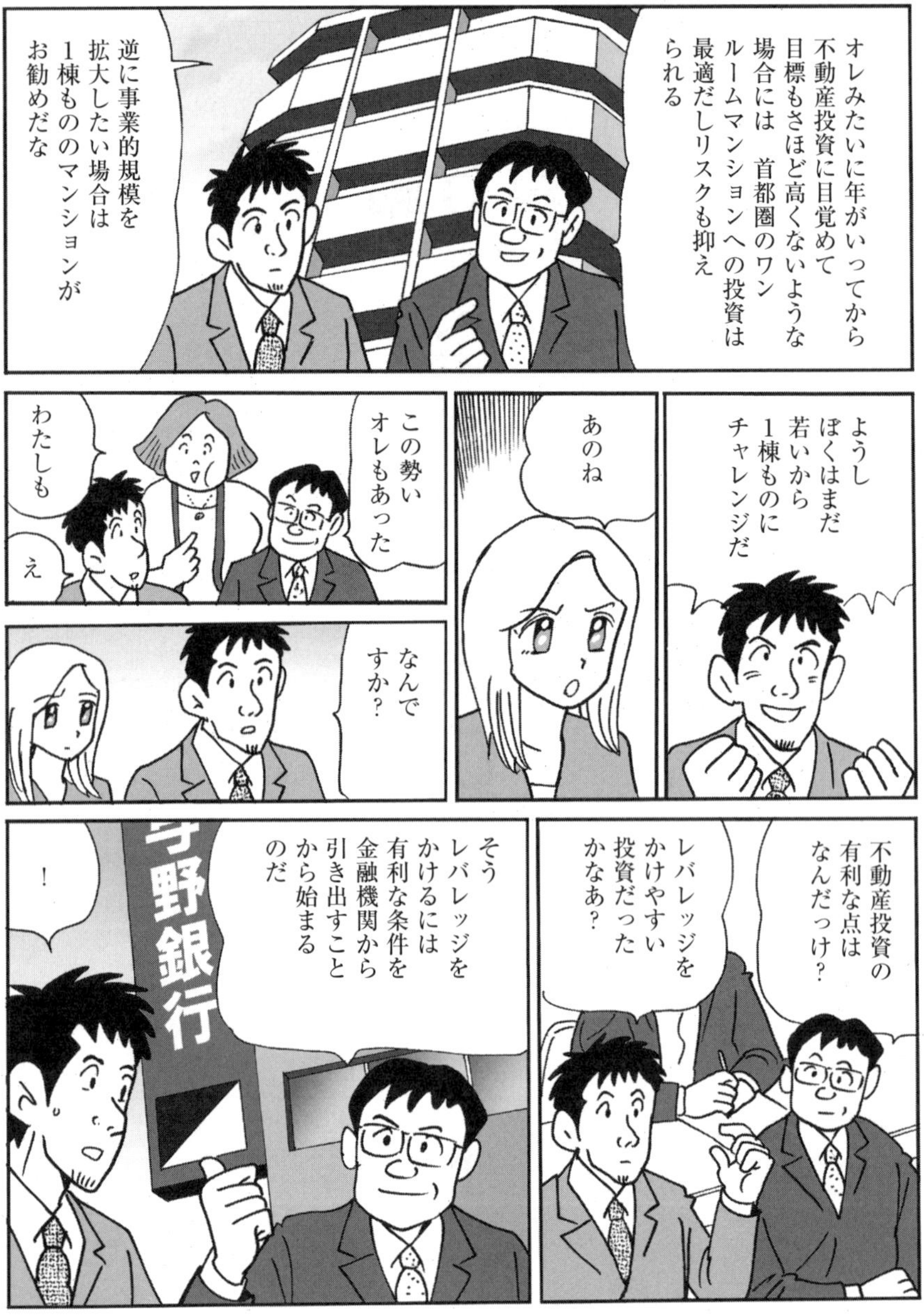
オレみたいに年がいってから不動産投資に目覚めて目標もさほど高くないような場合には　首都圏のワンルームマンションへの投資は最適だしリスクも抑えられる
逆に事業的規模を拡大したい場合は1棟もののマンションがお勧めだな
ようしぼくはまだ若いから1棟ものにチャレンジだ
あのね
この勢いオレもあった
わたしも
え
なんですか？
不動産投資の有利な点はなんだっけ？
レバレッジをかけやすい投資だったかなあ？
そうレバレッジをかけるには有利な条件を金融機関から引き出すことから始まるのだ
！
野銀行

①　何を基準に金融機関を選ぶか

投資物件の選定の仕方ももちろんであるが、それと同等以上に金融機関選びも重要となってくる。最近ではアパートローンに積極的に取り組む金融機関も増え、様々なローンの商品が発売されるようになった。あなたが選んだ投資物件に融資してくれる金融機関が1つだけだったなら、その金融機関で借入れを起こすしかないが、融資を打診した複数の金融機関が前向きな返事を送ってきた場合、何を基準に金融機関を選んだらいいのだろうか。高い金利は収益を圧迫し、低い金利はその逆である。それくらいのことは投資初心者でもわかる。

次ページの図表⑨はA金融機関・B金融機関・C金融機関・D金融機関を比較したものだ。この表から金利を比較すると、D金融機関の2.475%が最も低く、B金融機関の4.5%が最も高い。運よくD金融機関から借りられればいいが、ダメだったら、せめて次に金利が低いA金融機関の3.675%で借りたい。4%台のB金融機関とC金融機関はどうしても避けたいと、あなたは考えるだろう。

単純に金利だけを比較すれば、そうなる。しかし、金融機関への返済額は金利とともに融資期間（返済年数）によって大きく変わってくる。同じ金利と借入額でも、融資期間が短ければ、年間に返済しなければならない額は大きくなるし、逆に融資期間が長ければ年間返済額は少なくて済む。図表⑨の「期間」の欄に注目していただくと、4つの金融機関とも最長30年まで借りられるのは同じだが、築年数に制限がないC金融機関を除くと、融資を受けようとする物件の築年数によって借りられる期間が異なることがわかる。

A金融機関とB金融機関の期間は「45年－築年数」で同じ。つまり、先ほど、投資妙味があると述べた築15年の物件だったら45年－15年＝30年で30年ローンが組めるが、築20年の物件になると45年－20年＝25年しか借りられない。

最も金利が低いD金融機関の融資期間は「40年－築年数」とほかの3つの金融機関より厳しい。築15年だと25年ローンしか組めないし、築20年の物件の場合は20年ローンになってしまう。家賃も物件

図表⑨　金融機関どう選ぶ？？？

金融機関	金利	期間		K%（年間返済÷借入額）
A銀行	3.675%	45 －築年数 （最長 30 年）	築 15 年⇨ 30 年 築 20 年⇨ 25 年 築 25 年⇨ 20 年	5.50% 6.1% 7.06%
B銀行	4.5%	45 －築年数 （最長 30 年）	築 15 年⇨ 30 年 築 20 年⇨ 25 年 築 25 年⇨ 20 年	6.08% 6.67% 7.5%
C銀行	4.3%	30 年 築年制限なし		5.93%
D銀行	2.475%	40 －築年数 （最長 30 年）	築 15 年⇨ 25 年 築 20 年⇨ 20 年 築 25 年⇨ 15 年	5.3% 6.3% 7.9%

価格も安定期に入った築15年以降の物件を購入しようとする場合、D金融機関は短い期間の融資しか受けられないということだ。

このように、金融機関ローンは単純に金利だけを比較することはできない。返済に大きな影響を及ぼす借りられる期間（融資期間）も金融機関によって異なるからだ。もちろん返済期間が短ければ毎月の返済額の中の元金の返済分は高いし、返済が終わればネット収入がすべて自分のものになる。例えば、40歳で不動産投資を始めるような場合、自己資金を少し多めに入れて20年返済で60歳までに完済しようとするなら、当然、金利の低い金融機関を選べばよい。逆に20代で不動産投資をするような場合は、できるだけ長期のローンを組んで返済金額を少なくし、キャッシュフローを多めにとって再投資を速めたほうがよい。普通に考えるとわかると思うが、1000万円を借りたとすると、元金の返済は1000万円なのであって、支払総額が違うのは金利分だけなのである。そこで金利と融資期間を合わせて同じ物差しで各金融機関を比較することを可能にする投資指標の「K％」をご紹介しよう。

② 借りるお金のコスト「K％」（ローンコンスタント）とは

K％とは、何か？

投資初心者でK％を知っている人はまずいないだろう。K％は「ローンコンスタント」といい、ここでは、借入れに対する返済額の割合、つまり「借りるお金の調達コスト」だと考えてもらえればいい。

キャッシュフローを得るためには、K％は投資家にとって低ければ低いほどよい。

K％は、以下の数式で算出する。

K％（ローンコンスタント）＝年間返済額（ADS）÷借入額×100

例えば、年間返済額が200万円で借入額が3000万円だった場合は、200万円÷3000万円×100＝6.6％がK％である。

K％は「金利」と「融資期間」で決まる。金利が低ければ、「借りるお金の調達コスト」であるK％が低くなるのはすぐにわかってもらえるだろう。では融資期間が異なると、どうK％に影響するのか。例えば、1000万円を金利3.0％で借り入れた場合を想定すると、

融資期間10年　↓　年間返済額115万円（月額9.5万円）

K％は115万円÷1000万円×100＝11.5％

融資期間20年　↓　年間返済額66万円（月額5.5万円）

K％は66万円÷1000万円×100＝6.6％

当然、融資期間10年で借りたほうが、融資期間20年のローンより金融機関に支払う総額の金利は少なくて済む。ただし、金利の総額は抑制できるものの、毎年（毎月）返済しなければならない金額が多くなるために、購入した投資物件が毎年（毎月）生み出すキャッシュフローを圧迫

してしまうのだ。購入した物件の家賃収入から物件の運営費や空室損などを差し引いて残る実質収入（ＮＯＩ、ネット収入）が７万円だったとしよう。前記の場合、融資期間10年だと月に９・５万円を返済しなければならないから、足りない２・６万円は給与からひねり出すか、貯金を取り崩すかの持出しによって返済しなければならない。それに対して、融資期間20年なら月額返済額は５・５万円で済むため、ローン返済後にも毎月１・５万円のキャッシュが手元に残ることになる。

初めて投資物件を購入する初心者にとって、最初から毎月のローン返済が持出しになるのは厳しい。かといって、自己資金を余分に投入するのはもったいない。例えば、投資物件を買い増していって、複数所有するうちのほかの物件が生むキャッシュフローで持出し分の返済額を帳消しにできるような人や、もともと資産家で、それくらいの持出しなんか痛くもかゆくもないという人以外は、少なくともＦＣＲ（実質利回り＝家賃収入から運営費や空室・滞納などによる損失を引いた後に残るネット収入÷購入金額に諸費用を加えた総コスト）よりＫ％が低くなるような金融機関ローンを選ばなくてはならない。そうでないと（ＦＣＲよりＫ％が高いと）、毎月の収入よりローン支払いのほうが多くなって、ローンを完済するまでキャッシュフローを生まない投資になってしまう。

③ 見かけの金利だけで金融機関は選べない

K％の概略がわかったところで、前掲した図表⑨の金融機関の比較表をもう一度見てみよう。金利だけを比較するとD金融機関が圧倒的に有利に見えた。ところが、築20年の物件を購入する場合、D金融機関では20年ローンしか組めないためにK％は6.3％と高い。これに対して、見かけの金利はD金融機関より2％近く高い4.3％だったC金融機関は、築年数にかかわらず30年ローンが組めるためにK％は5.93％と、4金融機関の中で最も低くて済む。ローン返済後の手残りのキャッシュフローが最も多いということだ。C金融機関に断られた場合は、25年ローンが組めるA金融機関にしたほうがよさそうだ。A金融機関ならK％は6.1％と、やはりD金融機関の6.3％より、わずかだが低いのである。

築25年になると、最も金利が低かったはずのD金融機関のK％は7.9％と、4金融機関の中で最も高くなってしまう。見かけの金利が最も高いB金融機関さえ上回るK％のために、よほどの実質収入がないと、毎月の返済は持出しになってしまう可能性が高まることを示唆している。このように、見かけの金利だけに左右されず、K％で物差しをそろえると、金融機関を選ぶ判断がしやすくなる。

一般に、大手都市銀行のローンは表面金利は低い一方で、融資期間は比較的短い。逆に、地方銀行などは表面金利は都市銀行に比べると高いものの、融資期間は長く設定されているケースが多い。金融機関にとっては、短期間の貸出しのほうが資金回収は早まるため、融資効率が上がるといわれている。銀行は資金回収効率を高めるために、長期のローンには消極的なのである。

K%は「金利」と「融資期間」で決まると述べた。このほか、借り入れる人の「年齢」や「属性」によってもK%は変わってくる。ほとんどの金融機関はローン完済時の年齢条件が80歳だ。50歳の人は30年ローンが組めるが、60歳の人は20年ローンしか組むことができない。50歳の人のほうが低いK%でお金を借りることができるのだ。

属性とは、その人の年収や職業、勤続年数、勤務先の条件など。これによって適用される金利が異なるため、必然的にK%の高低を左右することになる。

余談になるが、CFネッツに寄せられる相談の中で、最近は住宅ローンやアパートローンの「借換え」に関する内容が増えてきている。個人向け融資の拡大にしのぎを削る金融機関が、借換えによる融資獲得に力を入れているためだ。

読者のみなさんの中にも「キャンペーン期間中に当行へ借換え手続きをいただくと現在のお借入金利より1%優遇いたします」的なダイレクトメールが金融機関から届いたことのある方がいるのではないだろうか?

詳しく内容を聞いてみると、借換えによって金利は確かに下がるものの、融資期間も5~10年短くなるという金融機関からの提案が多い。相談者も単純に「金利は1％も下がるし、返済期間も5年短くなって完済時期が早まるのだからラッキー、別に問題はないでしょう?」と、すでに乗り気だ。

ここで仮に1000万円を金利3．5％で借入れした場合のK％を借入年数ごとに見てみると、

10年返済→11.86％　15年返済→8.57％　20年返済→6.95％
25年返済→6．0％　30年返済→5.38％　35年返済→4.95％

さらに同じ1000万円を金利4．5％で借入れした場合のK％を借入年数ごとに見てみると、

25年返済→6.67％　30年返済→6.08％　35年返済→5.67％

ここでよくよく見てもらいたいのが、現在、金利4．5％、残り期間25年で借入れしている人のK％が6.67％。これを借り換えることにより、金利優遇マイナス1％引きの3．5％で期間は5年短くなって20年のローンに借換え手続きを行った場合のK％は6.95％。

さて、果たしてこの借換えは本当に有効だったのか?

また同じように、現在、金利4.5％で残り期間30年で借入れしている人のK％が6.08％。これを金利優遇マイナス1％引きの3.5％、期間が5年短くなって25年に借換え手続きを行った場合のK％は6.0％とほとんど変わらないのである。変わらないとすれば、借換えに必要な今のローンの抹消費用や、新規の抵当権設定費用のほか一括繰上げ返済などの各種手数料など、借換えにかかるコストの分だけ確実に損をする。仮に返済期間は現在と同じ期間のままで、金利だけ1％下げてくれる借換提案なら検討してみる余地はあるが、金利が1％下がっても、返済期間が5年短くなってしまう借換えでは、あまりメリットはないと言っていい。借換えなどの金融機関提案の検討にも、K％は有効ということだ。

④　K％でローン支払い後のキャッシュを考える

さて、K％を使った金融機関選びのおさらいをしよう。わかりやすくするため、表面利回り10％、家賃10万円のワンルームマンションを1200万円の全額ローンで買ったとする。

・表面利回り　10％
・家賃　10万円
・物件価格　1200万円
・借入金　1200万円

当然、入居者が支払う家賃のすべてがあなたの収入になるわけではない。管理費や修繕費といった物件を運営するためにかかるコスト（＝ＯＰＥＸ）と、空室や滞納といったリスクに備える損失をあらかじめ計上しなければならない。これらのコストとロス（損失）として、家賃10万円のうちの約25％くらいを見ておく必要がある。すると、実質の手取り収入は７・５万円。つまり実質収入（７・５万円×12カ月）÷１２００万円×１００＝ネット利回り７・５％の投資物件を購入したことになる。

もし、ローンを組まないで全額を自己資金でこの物件を購入すれば、この７・５万円すべてが手取り収入だ。物件を購入した翌月から、あなたの金融機関残高は毎月７・５万円ずつ増えていく。ところが、ローンを組んでこの物件を購入したあなたの場合、７・５万円からローン返済金を支払った後に残る金額が手取り収入である。先ほどの図表⑨のＡ金融機関からＤ金融機関までの表を元に、各金融機関を使った場合のあなたの収支を比べてみる。

この物件が築20年だった場合、Ｂ金融機関のＫ％、６・67％が最も高く、Ｃ金融機関の５・93％が最も低い。借入金額は１２００万円だから、Ｂ金融機関で借りると年間返済額は１２００万円×６・67％＝約80万円なので、毎月の返済負担は約６・７万円。Ｃ金融機関で借りると年間返済額は１２００万円×５・93％＝約70・８万円、毎月返済額は約５・９万円だ。実質的な収入７・５万円からこの返済額を差し引くとＢ金融機関は０・８万円、Ｃ金融機関は１・６万円が毎月の手残りのキャッシュということになる。

この物件が築25年だった場合は、D金融機関のK%、7.9%が最も高く、築年数の制限がないC金融機関のK%、5.93%が前の場合と同様に最も低い。D金融機関のK%から算出した毎月の返済額は約7.9万円。手残りのキャッシュフローはマイナス0.4万円と赤字であり、C金融機関の5.9万円と比べて2万円もの差が生じてしまう。K%を使うことによって、投資家のキャッシュフローには、これだけの大きな違いが生まれることがよくわかるのである。

不動産投資はキャッシュフローを見なければいけない。K%を使って投資分析すれば、余裕のある物件選びも金融機関選びもできる。

⑤ K%が高くてもいい投資、悪い投資

K%は低ければ低いほどいい。これは不動産投資の原則だが、必ずしもそうでない投資、つまりK%が高くても成立する不動産投資があることも紹介しよう。例えば、築古の木造アパートだ。

先ほど、築15年程度が経過したアパートの価格は、こなれていて、今後大きく下落する懸念が少ない一方、家賃は安定期に入っているため、投資妙味が大きいと述べた。こうした木造アパートの減価償却期間は22年である。これは、税法上では、23年目以降は価値がなくなってしまうということを意味している。そうすると金融機関は、減価償却期間の22年から15年を引いた残り7年の期間でしかお金を貸してくれない。長期のローンが組めないのである。すると、この7年融

資の投資では仮に金利が低くてもK％が高くなり、キャッシュフローを大きく圧迫してしまうのだ。

先ほどの家賃10万円、実質利回り（FCR）7.5％のケースだと、ローン返済前の収入は7.5万円。これを上回るほど高いK％だと、毎月のキャッシュフローはマイナス、つまり持出しになってしまう。しかし、見方を変えれば、ローン期間はわずか7年間だ。7年の短期間でローンを完済してしまえば、7.5万円の収入は丸々手元に残るキャッシュフローになる。この7年間に耐えられる投資家であったり、自己資金を投下できるなら、検討する余地が十分にある物件選択だといえるのだ。

もちろん、初めて購入する物件からキャッシュフローがマイナスになってしまうようなK％の高い物件だと厳しい。前述したように、投資初心者は避けたほうがいい選択だといえる。しかし、毎年買い増していった投資物件によってキャッシュフローに余裕が出てきたベテランの投資家にとっては、短期間に効率よくキャッシュフローを増やす手段にもなり得る投資が、こうした築古アパートなのである。

逆に、ローン返済後に手元に残るキャッシュフローに注目し、避けたほうがいい不動産投資の代表例といえるのが、新築の区分所有ワンルームマンションだ。

読者のみなさんも「節税対策に」や「月々1万円の持出しで新築ワンルームがあなたのものに」といった物件広告を目にしたことがあるだろう。なかには、投資勧誘の電話を受けたことがある人がいるかもしれない。新築ワンルームのローンは、分譲会社や大手デベロッパーの提携ローンを利用することで、賃貸アパートや中古ワンルームを購入する場合のアパートローンとは違って、今でも諸費用も含めた１００％ローンを組めたり、アパートローンでは最長30年の返済期間が新築マンションだと35年返済と、より長期間だったり、金利も優遇措置の適用によってアパートローンより低い場合が一般的だ。確かに、金融機関の借入れの面では、中古物件より恵まれている。

しかし、もともとの物件価格が東京圏では２０００万円超と、中古ワンルームの2倍以上はするために借入額が多くなってキャッシュフローを圧迫する。だいたい、物件価格が2倍するからといって、新築といえども家賃は2倍にはならないのが賃貸住宅市場である。家賃から物件の運営費や修繕費と空室や滞納に備えるコスト25％を差し引き、さらに毎月のローン返済額を差し引くと、持出しになってしまうケースがほとんどだ。「月1万円の持出しなら……」と思って購入した人が、キャッシュフローを手にできるのはローンが完済する35年後。いくら金利優遇のある長期ローンが組めても、35年後のキャッシュフローを当てにするしかない投資が、投資として成功だといえるのだろうか。

しかも、「月1万円の持出し」では終わらないのが現実だ。先ほど見たように、新築時の家賃が取れるのは、初めの5年ほど。それ以降は入居者が入れ替わるたびに家賃の減額を覚悟しなければならず、物件の競争力低下に合わせて持出額は増え続ける。毎月のマイナスのキャッシュフローに耐えられなくなって売却しようとしても、借入金額が多いために、残債が多く、一方で物件価格の下落は進んでいる。この結果、売却金額ではローンを完済できず、よほどの資産家以外は売るに売れない塩漬け状態に陥る可能性が高い。

実は、CFネッツに相談に訪れる投資家の中にも、新築の区分所有ワンルームマンションを2室3室と購入したものの、毎月の赤字に困り果てたという方は少なくない。残念ながら手持ちの資金がないと残債は処理できず、リカバリーは相当難しいのが現実である。

例えば、図表⑩のように考えればわかると思う。不動産投資の場合は、売値を想定しなければ、投資の結果は確定できない性質をもっている。

（例）ワンルームマンション投資の場合

当初の購入価格が1600万円でネット収入が60万円とすると、単純に60万円÷1600万円×100＝3.75％であるから、銀行などの

図表⑩　新築区分を買うと…　※節税対策???
※月々1万円の持ち出しで…?

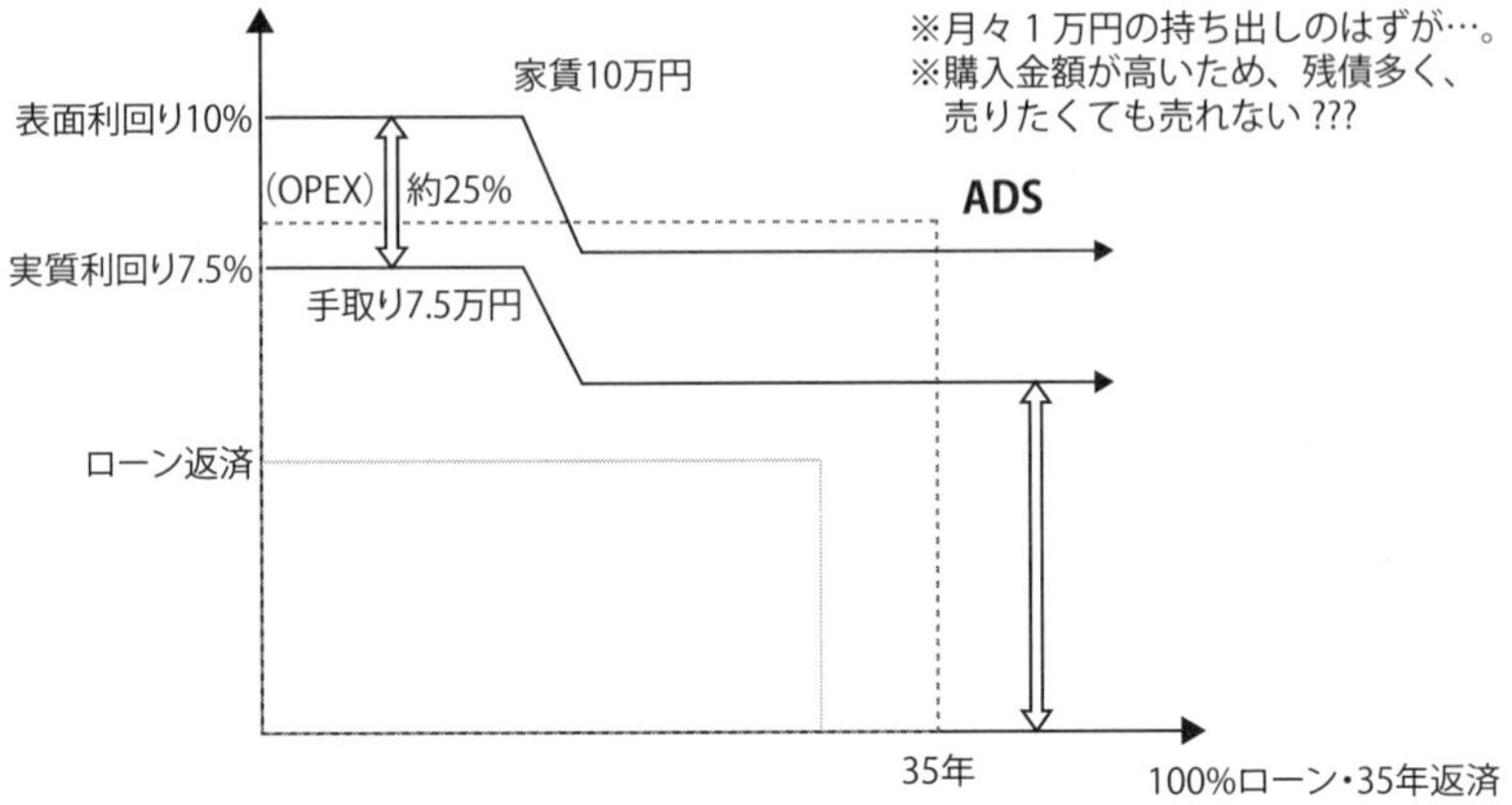

預金金利と比べて得なように感じるかもしれない。しかし初年度のネット収入が60万円であるが、首都圏のワンルームマンションの平均滞在年数は2年に満たないから、次の募集では賃料が下がり、3年目のネット収入が55万円に下がってしまったとする。そして5年目にも、同様に、賃料が下落して50万円になったとする。そこで、このエリアのキャップレートが5％だとすると、5年後の売却額は1000万円である。この場合、ネット収入合計280万円に対し、売却損は600万円であるため、本物件への投資は、320万円の損ということになる。

第7編

不動産会社選びのポイント

① 不動産会社によって異なる専門・得意分野

不動産投資を始めようと思ったあなたは、物件を購入するため、どこかの不動産会社とお付き合いしなければならない。現在、日本には不動産会社（正確には「宅地建物取引業者」という）が何社ぐらいあるかご存知だろうか。2012年度の国土交通白書によると、その数は12万2000社あまり。〝1億総不動産屋〟といわれて国中が不動産熱に取りつかれたバブル経済時代の約14万4000社に比べるとさすがに10％ほど減っているものの、それでも12万社超が乱立する大競争社会だ。この12万社あまりの中から、あなたは1社を選ぶことになる。最近では、不動産コンサルタントと称して無免許の人たちや、セミナーを通じて同業者を装い不動産業者の真似事をする人たちまでいるから、なかなか信頼できる人に巡り合うのは至難の業である。

では、何を基準に不動産会社の良し悪しを判断するべきなのだろうか。

実は、不動産会社と一口に言っても、その業務内容や得意（専門）分野、さらに扱う物件に至るまで、多種多様に分かれているのが実態だ。医者と比べてみよう。一口に医者と言っても、その内容は歯医者だったり、内科だったり、整形外科だったり、産婦人科だったりと様々な専門分野に分かれていることは誰でも知っている。特に開業医にあっては看板を見れば、一目瞭然、何の医者なのかがすぐにわかるようになっている。

不動産会社はそうはいかない。おそらく、12万社のすべてが、〇〇不動産といった看板は掲げているものの、看板のほとんどは社名だけで業務内容としては「売買・賃貸・仲介・管理」といった程度。主に手掛ける業務内容や得意分野、取り扱う物件の種類といった最も知りたい情報はまずわからないようになっているのだ。

不動産会社を業務内容で分類すると、ざっと図表⑪のようになる。主なものだけ簡単に説明しよう。

戸建分譲・マンション分譲会社は、自社で戸建住宅やマンションを開発して売主として消費者に販売する。開発・販売するのは消費者が実際に住むための住宅がほとんどであり、投資用物件を開発・販売するのはワンルームマンション専門のマンション分譲会社に限られるといっていい。

図表⑪　物件、誰から買う???

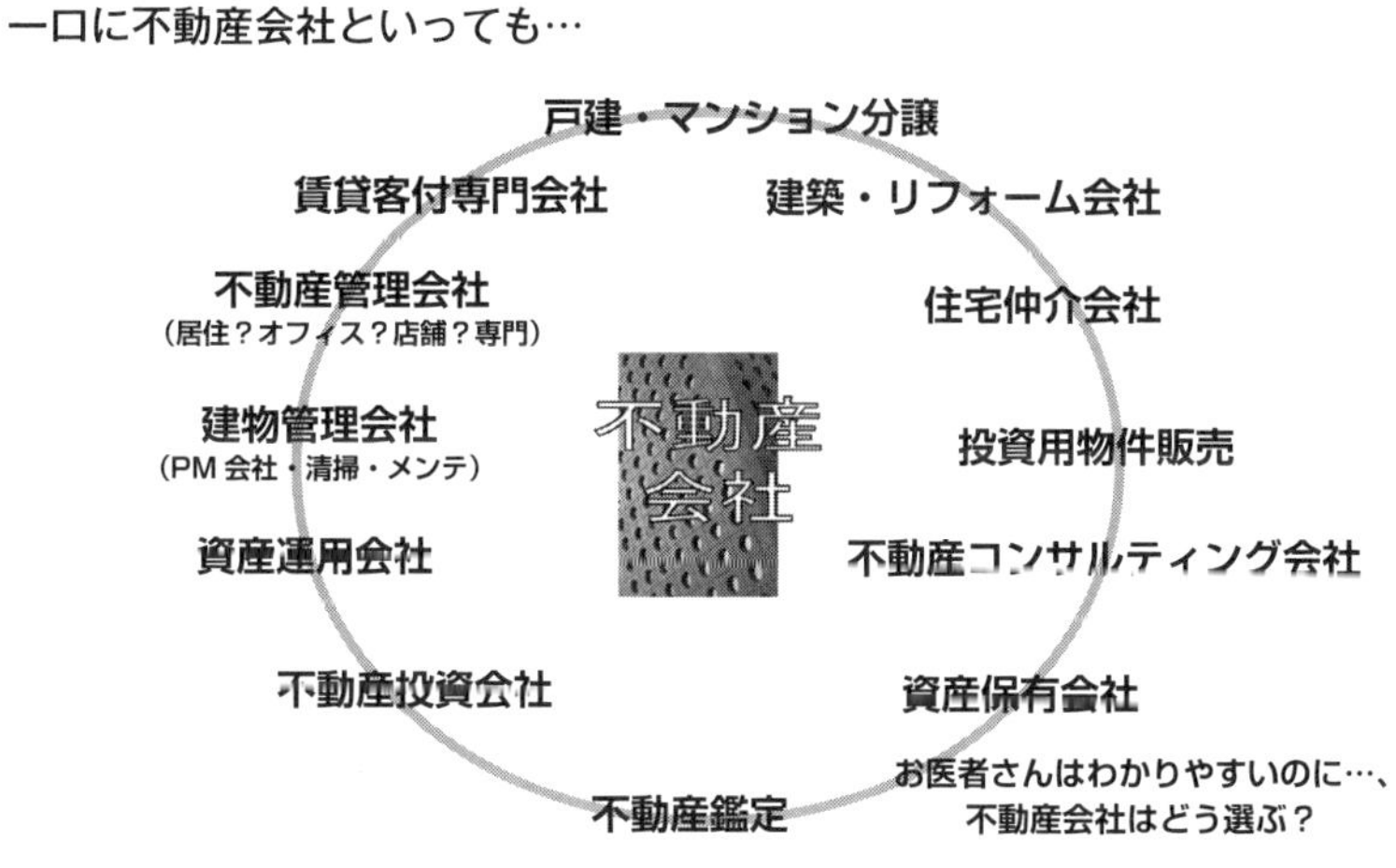

賃貸客付専門会社は、大都市のターミナル駅周辺に立地することが多い賃貸専門の仲介会社だ。借り手に賃貸住宅を仲介（あっ旋）するだけで管理は手掛けない。賃貸アパートを購入したあなたが入居者募集を依頼することはできるが、物件の管理を依頼しても断られてしまう。

この物件管理を行うのが不動産管理会社だ。賃貸アパートや賃貸マンションなどの家主から依頼を受け、建物の資産価値を維持するとともに、入居者に満足した生活を送ってもらうためのサービスの提供などを行う。管理物件が空室になれば入居者募集を行うものの、こちらの業務はさほど真剣ではなく、賃貸客付会社に入居者募集を依頼するケースが少なくない。

この不動産管理会社も賃貸住宅専門、オフィス専門、店舗専門といったように物件種別ごとに専門会社があり、さらにオフィスや店舗などの物件管理では、清掃や警備、設備補修などを専門に手掛ける建物管理会社が別に存在する。

建築・リフォーム会社は、その名のとおり、建築やリフォームといった工事が中心。賃貸アパートや賃貸マンションの建設工事は、なかでも比較的規模の大きな建築会社が手掛けるケースが一般的だ。

住宅仲介会社（売買仲介会社）は、売主から売却依頼を受けた物件に対して購入希望者を探したり、住宅を探す購入者の希望に合った物件を市場の中から探し出して、紹介・あっ旋するという仲介業務を展開する。大半は購入者が実際に住むための住宅仲介を主業務にしているが、なかには賃貸アパートや賃貸マンションといった投資用不動産の仲介を行う会社もあるほか、最近では投資用不動産に特化した仲介会社も珍しくなくなってきた。

不動産コンサルティング会社は、投資家の立場に立って不動産の購入や売却をアドバイスする会社で、ＣＦネッツもそうした不動産コンサルティング会社の一つだ。日本ではまだ数が少ないものの、取引の中立性や透明性を重視するアメリカなどでは一般的な存在であり、高度な専門性を有しているのが特徴といえる。詳しくは、当社代表の倉橋の著書『賃貸管理イノベーション戦略』（住宅新報社）に書かれているが、従来の不動産会社というのは顧客ニーズと違ったところで存在していた。

同じ不動産会社でも、これだけの種類があるから、依頼先を間違えるとろくなことにはならない。例えば、あなたが自宅を売却しようと思った場合、万が一、不動産管理会社の門をたたいてしまうと、「今は相場が下がっているから売るのは待ったほうがいい。うちが管理を引き受けるから、賃貸物件として人に貸したほうが長い目で見て得だ」なんて言われかねない。逆に、自宅を人に貸そうと思って住宅仲介会社に相談すると、「相場はどんどん下がっているし、築年が古くなればさらに値下がりするので、早めに売らないと希望価格では売れなくなる」と売却を勧められたり、建築・リフォーム会社なら、「貸すにせよ売るにせよ、リフォームしてバリューアップしてからのほうが高い価格で貸したり、売ったりできる」などとリフォーム工事をしつこく提案されるかもしれないのだ。

得意分野、専門分野として業務を推進しているのは大いに結構な話であるが、大概の不動産会社は専門とする分野以外の提案ができないのである。

このように、12万社もある日本の不動産会社は、それぞれが得意とする業務分野しか手掛けない傾向が強く、顧客の利益を優先するよりも自社の専門とする分野で会社にとって一番メリットや利益の出る提案をする会社が多いのである。とくに売買仲介と賃貸仲介や賃貸管理を複合的に手掛けている会社、また2分野、3分野にまたがって営業展開している不動産会社は意外に少ないのが現状だ。なぜなら会社の利益追求を考えると、ひとつの業務のみに特化したほうが、会社にとっての効率もよく、少ない人材で運営できるし、スキルも必要がないからだ。

これに対して、我々CFネッツは不動産コンサルティングを中心に、売買仲介も賃貸管理も、建築・リフォーム工事もワンストップで手掛けているので、投資家からの相談には、「売った場合」「貸した場合」「リフォームした場合」といったように、ケースごとの投資額や利回りを比較しながら最適・最良な提案が行えるようになっている。

② 仲介会社の選び方

話を戻そう。投資用不動産を購入する場合には、多くの不動産会社の中から、主に投資用不動産を扱う仲介会社を選ぶのがベストだ。こうした不動産会社は、投資用不動産の物件情報を数多く持っているのはもちろん、市場分析や投資分析に欠かせない賃料やキャップレート、空室率などの情報と、投資用不動産の購入に不可欠なアパートローンを扱う金融機関とのパイプも期待できる。賃貸管理も同時に手掛ける会社なら、なおいい。賃料相場や空室率の生の市場の情報を持っているうえに、購入後に管理も受託することで、入居者トラブルや設備機器の補修管理、さらに家賃滞納といった不動産投資ならではのリスクにも適切に対処できる。

逆に、投資分析に必要な市場の情報や金融機関とのパイプを持っていない投資用不動産の仲介会社は避けるべきだろう。仲介手数料ほしさに物件を売ることだけに一生懸命で、投資には不向きな不動産をつかまされてしまうことにもなりかねない。事実、投資用不動産専門といいつつ、表面利回り程度の理解しかない、投資分析の〝ど〟の字も知らない素人営業マンが販売している会社も少なくない。

さて、最近の投資用不動産市場では、仲介会社が売買をあっ旋する仲介物件とは別に、「売主物件」というカテゴリーを目にするようになった。売主物件とは、その物件を扱う不動産会社が当の売主になっている物件のこと。つまり自社所有の不動産の販売を意味している。こうした売主物件は「仲介手数料不要」をセールストークにしているケースが少なくないのだが、実は法律上、売主は手数料を取れないことになっているだけのことだ。しかし、投資家は一見すると「仲介手数料がかからない分だけ安く購入できる」と勘違いしてしまうかもしれない。

実際は「売主物件」だからといって安く購入できるわけではない。逆に、仲介物件より高くついてしまうことがあるので注意しよう。売主物件の価格は、その不動産を仕入れた（あるいは建築した）原価に取得経費を乗せて、さらに販売にかかる広告料などの営業経費と、販売利益を上乗せして設定される。プロである不動産会社が仕入れる原価は、確かに仲介物件より安いかもしれないが、この経費や利益の上乗せによって、最終的には相場を無視した高い物件となってしまうこともあるのである。

仲介物件は、物件価格に仲介手数料を上乗せして支払わなければならないが、物件価格は市場が評価する相場であり、極端に高すぎたり、安すぎたりすることはあり得ない。

ＣＦネッツでは、市場分析や取引事例などをもとに、売主と交渉しながら適正価格を算出しているので、物件価格に関しては安心していただけるのではないかと思っている。

③　ＣＦネッツってどんな不動産会社？

最後に、ＣＦネッツとはどんな不動産会社であるのかを紹介しよう。

ＣＦネッツは不動産会社であるが、他の多くの不動産会社と違って、不動産コンサルティングを提供する会社である。

通常の不動産会社は自社商品を中心に、決まった商品を販売するケースが多い。先ほどの「売主物件」や、自社開発した住宅を販売する戸建分譲・マンション分譲会社がその代表例であり、特定の物件を売らないと自社の利益にはならないから、顧客がどんな住宅や投資用不動産を求めているのかには無関心だ。古い体質の会社だと営業マンは〝気合い・根性・タイミング〟で営業を行い、世の中が不動産会社に抱くイメージどおりに、一度問い合わせをすると「あれも、これも」としつこく物件情報を持ってきたりする。あなたが一度は経験したことがあるかもしれないワンルームマンションの電話勧誘も同様だ。その会社で仕入れたワンルームマンションを売らないと会社の利益にならないし、営業マンにも給料が出ないから、顧客の立場や事情にはお構いなしなのである。

これに対して、不動産コンサルティング会社では、私たち不動産コンサルタントが営業ではなく、顧客の立場に立ったコンサルティングを提供する。コンサルティングとは、不動産を活用して安定収入を上げたり、資産形成の手助けをしたり、相続対策を実施したりと、顧客ごとに異なる目標を達成するために、その顧客にとっての最良の提案を行うことをいう。先ほどの例でいえば、不動産を売ったほうがいいのか、賃貸したほうがいいのか、賃貸するならリフォームしたほうが得策なのか、あるいは建て替えてから賃貸するのか、といった様々な不動産の活用策をシミュレーションし、それぞれを比較検討しながら、顧客にとってベストの提案を行うことができるということだ。

「この物件を売らなければ利益が出ない」ということはないから、特定の物件を無理強いすることはないし、顧客に利益が出て、初めて当社にも利益が出るＷｉｎ×Ｗｉｎの関係を重視する。当社で管理・運営できない物件を顧客に紹介しないのは、そのためだ。不動産投資においては、物件購入はスタートにすぎず、その後の管理・運営が投資の成否を握る。当社が自信を持って紹介した物件を、その後も責任を持って管理することで、顧客は安定した利益が長期にわたって期待できると考えている。売りっ放しにしないのが当社の基本スタンスである。

物件紹介に際しては、具体的な物件を紹介する前に、顧客の収入や年齢、勤め先、何のために不動産投資を行うのかといった目標を元に、投資の方向性を決定する個別コンサルティングを行うことを勧めている。これまで述べてきたように、不動産投資は投資家の属性や目標によって方法論が異なる。その顧客に最も適したポートフォリオ（資産構成）が組めるように、中長期の投資戦略をともに検討することになる。

具体的な物件提案時には、同時に金融機関の紹介（ファイナンスアレンジ）も行うので、よほどのことがない限り、ローン不成立で購入できないといったことがない。紹介する物件は市場分析や投資分析を終え、「この物件なら」と当社が判断した投資適格物件であり、売主との間の価格や条件交渉も済ませているので、安心してご購入いただける。お付き合いのある投資家のみなさまから、「なかなか物件を紹介してくれない」と苦言を呈されるのは、紹介物件を厳選しているという理由もある。市場分析もＯＫ、投資分析もＯＫで、一定の金融機関評価も出る投資適格物件というのは、どこにでもあるわけではない。自信を持ってお勧めできる物件が見つかるまで、あれこれしつこく物件を紹介しないのが当社の特徴でもある。

当社で管理できない物件は紹介しないと先に述べた。つまり、購入後は当社に管理を任せていただくことが紹介の条件になる。

当社の管理は、月額家賃の7％を管理料としていただく無期限滞納保証付きが原則である。不動産投資や不動産管理をすでにご経験済みの方は「7％は高いのでは」と思われるかもしれない。事実、多くの管理会社の管理料は3～5％が相場である。では、当社が7％の管理料をいただく理由を説明しよう。

まず、通常の3～5％の管理の多くは、滞納保証が付いていないか、付いていても6カ月で終了してしまう管理委託契約が一般的だ。滞納保証とは、万が一、入居者が家賃を支払わないといった滞納が発生した場合、当社が家主のみなさまに家賃を立替払いする保証のことをいう。当社の管理物件は、この家賃を立替払いする期間が、滞納が是正または回収するか、その入居者が退去するまで無期限に続く。さらに、家賃の支払いと退去を求める訴訟費用や弁護士費用、強制執行になった場合の費用なども、この7％の管理料の中に含まれている。

悪質な滞納者の場合だと、どんな有能な弁護士を立てても、退去までに最短で10カ月の期間がかかってしまう。モノを買ったり、サービスを受けたりしたのにお金を払わなければ逮捕されるのが通常の商品だが、不動産賃貸借契約の場合は借主（入居者）保護の大原則が貫かれているために、家賃不払いが即退去にはつながらない。悪質入居者だとして退去を求めるには法的手続きが必要であり、これには訴訟費用や弁護士費用など合計で100万円以上かかるのである。このため、家賃滞納や訴訟を経験したオーナーの方からは「7％でも安い」と言われることが少なくない。

空室期間中は管理料をいただかないのも当社管理物件の特徴だ。せっかく購入した物件が空室になればオーナーには当然家賃収入が入らない。当社も管理料が入らないという運命共同体のスタンスを取っている。当社としても、管理料が入らなくては困るから一生懸命に入居者を探す。調べていただければわかるが、空室期間中の管理料を徴収しない管理委託契約は意外と少ない。

これらのサービスは、長年の経験と実績から積み上げられたものである。当社の場合、賃借人付き、つまりオーナーチェンジの物件を多く取り扱っているが、実はこれらの賃貸トラブル、あるいは賃料滞納などのトラブル物件は20%を超えている。それは、普通に考えればわかると思うが、投資家から見て良い物件は限られており、逆に見れば、そんな良い物件を売る理由は何かということである。つまり経済的な問題よりは、入居者の問題の比率が高い。売主は、買主に売却理由など、よほどの理由がなければ言うことはないから、結果的に買主がリスクを負うことになる。しかし、ワンルームマンションなどの投資をする人は会社員や医師など、日常的に忙しい人が購入するケースが多く、万が一、トラブルに巻き込まれると、長期化してしまい、動きが取れなくなってしまうというリスクがある。そこで、そのリスクを、販売した当社が負うというサービスだ。このオンサイトマネジメント事業部が行っているサービスでは、上記のリスクを引き受けることもそうだが、定期巡回サービスや、建物の設備のトラブルの解決、夜間の緊急対応も行っている。不当な借主には訴訟等の法的手続きを行い、立ち退きを要求して優良な入居者に入れ替えることなどもある。当社のグループ会社の試算によると、これらのコストは約5・5％前後であり、貸倒債権（裁判などを行ってもとりきれなかった債権）は約1・7％だから、7％でも赤字なのである。このCFビルマネジメントでは、サブリース契約を除く賃貸管理件数は7000戸を超えているが、それ以下の管理件数で管理料が7％を切って営業している所は、当社のサービスより劣るし、リスクは高い設定になっているはずだ。

長期間の空室に困っていたり、賃貸経営や物件運営が面倒だというみなさまは、ぜひ、当社にご相談いただきたい。当社のグループ会社では、上記のサービスの提供だけでなく、物件を一括借上げするサブリースも提供しているのである。

ということで我々にお手伝いできることがあれば相談してください
パチパチパチ
最大限協力させていただきます本日はありがとうございました
いいセミナーだったな
さて　原さんこの後どうする？
決まっているでしょ
私たちも一緒にいいですか？
いいけどデートじゃないの？
先ほどのお話の続きを聞きたいのです
それならいつものとこで

かんぱーい！
まやさん絶対住宅買うべきよ
私　住宅を買うなんて考えてもいなかったのですけど……私でも買えますか？
ウチの会社なら住宅ローンは十分組める
総務の木田さんも買ったそうだ
なんでも40歳になって将来が不安になったらしい
結婚諦めたわけだ
それはイヤミなの？
いや　独身の女性でも住宅ローンを組めるってことだよ

私は住宅ローンっていくら組めるのかしら？
なんですその電卓？
金融電卓といってローンなどの計算ができるものなんだ
先ほどのセミナーでも出てきたね
では行きますよ
もうお会計ですか？
気にしないで
まやさん現在の家賃はおいくら？
ええと管理費を含めて7万円です

7万円から分譲マンションの管理費や修繕積立金1万2000円を想定し差し引きます
70,000－12,000＝58,000円
住宅ローンの金利を1・2%とし35年返済だといくら借入れができるでしょう?
1988万円
ピンポーン!
なんなの?
ここで重要なことは自分が住まなくなったとしても月に7万円以上で貸すことができる物件であることなの
これはセミナーでも言ってたことよ
つまり約2000万円の物件を買って自分が大家さんになって自分の口座に毎月7万円を振り込むわけ

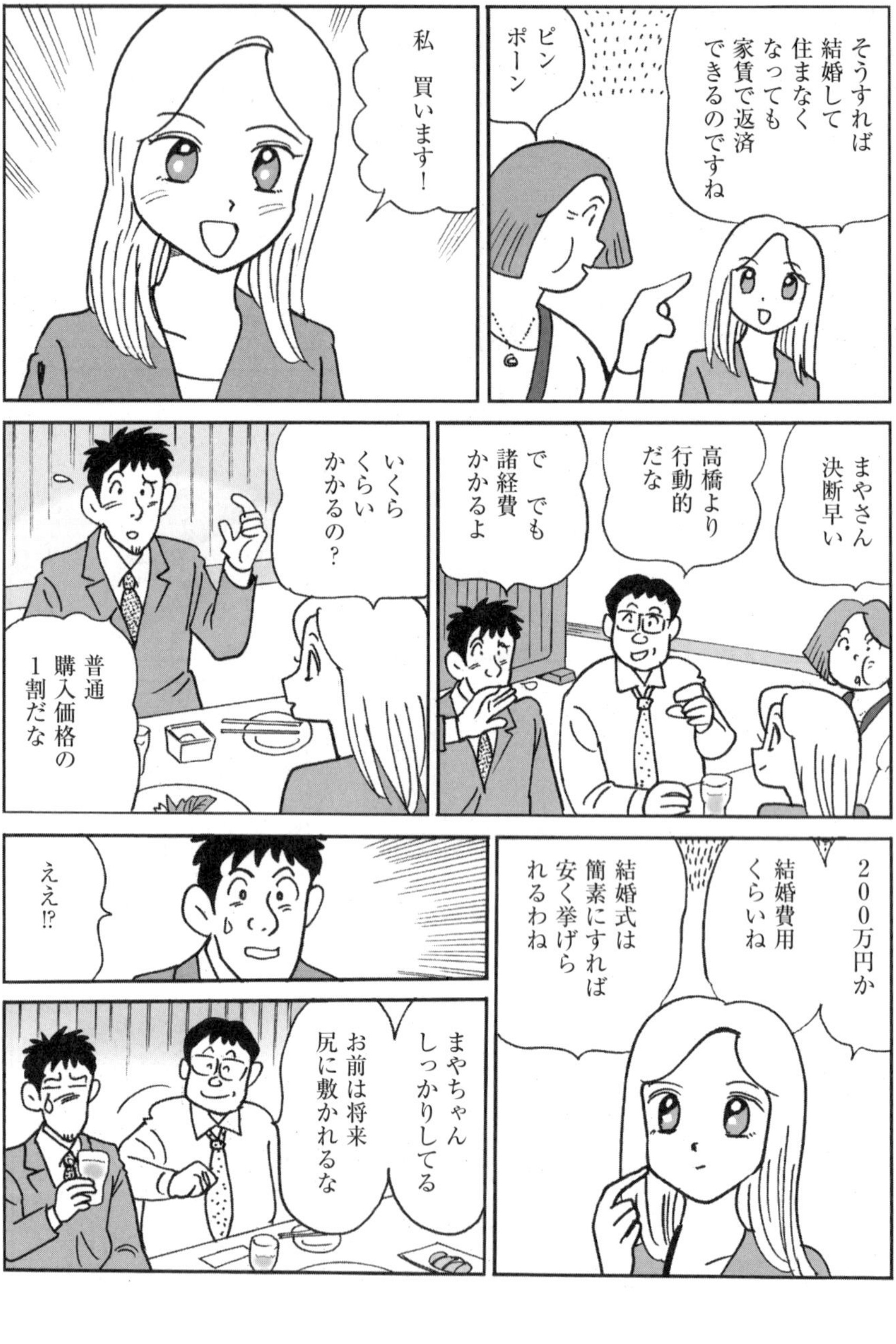
そうすれば結婚して住まなくなっても家賃で返済できるのですね
ピンポーン
私　買います！
まやさん決断早い
高橋より行動的だな
で　でも諸経費かかるよ
いくらくらいかかるの？
普通購入価格の１割だな
２００万円か結婚費用くらいね
結婚式は簡素にすれば安く挙げられるわね
ええ!?
まやちゃんしっかりしてる
お前は将来尻に敷かれるな

持ち家はやっぱり必要ですよね
そりゃそうさ
CFセミナーの木内さんも言ってただろ
第一金融機関から融資を受ける場合担保が必要になる
住宅ローンを組めば団体信用生命保険に入るから　たとえ和也さんが死んでもまやさんは困らないわ
縁起でもないス
みなさんご指導お願いします！
木内さんに相談して収支のあう物件を探してもらおう
ふたりの未来にかんぱーい！
不動産投資が住宅探しになったな

マンガでわかる！
はじめての不動産投資

平成 27 年 4 月 3 日　初版発行

木内　哲也　著
藤井　龍二　画

発行者　中野孝仁
発行所　（株）住宅新報社
出版企画グループ　〒 105-0001　東京都港区虎ノ門 3-11-15　(SVAX TT ビル)
(本　社)　電話（03）6403-7806
販売促進グループ　〒 105-0001　東京都港区虎ノ門 3-11-15　(SVAX TT ビル)
電話（03）6403-7805
大阪支社　〒 541-0016　大阪市中央区平野町 1-8-13（平野町八千代ビル）電話（06）6202-8541（代）
印刷・製本（株）亜細亜印刷　Printed in Japan
落丁本・乱丁本はお取り替えいたします。　ISBN978-4-7892-3723-9 C2030